G. VÉCHAPÈLI.

LA GÉORGIE TURQUE

LASISTAN, TRÉBIZONDE

ET

CONTRÉE DU TCHOROKH

BERNE, IMPRIMERIE G. ISELI
1919.

G. VÉCHAPÈLI.

LA GÉORGIE TURQUE

LASISTAN, TRÉBIZONDE
ET
CONTRÉE DU TCHOROKH

TABLE DES MATIÈRES

BERNE, IMPRIMERIE G. ISELI
1 9 1 9.

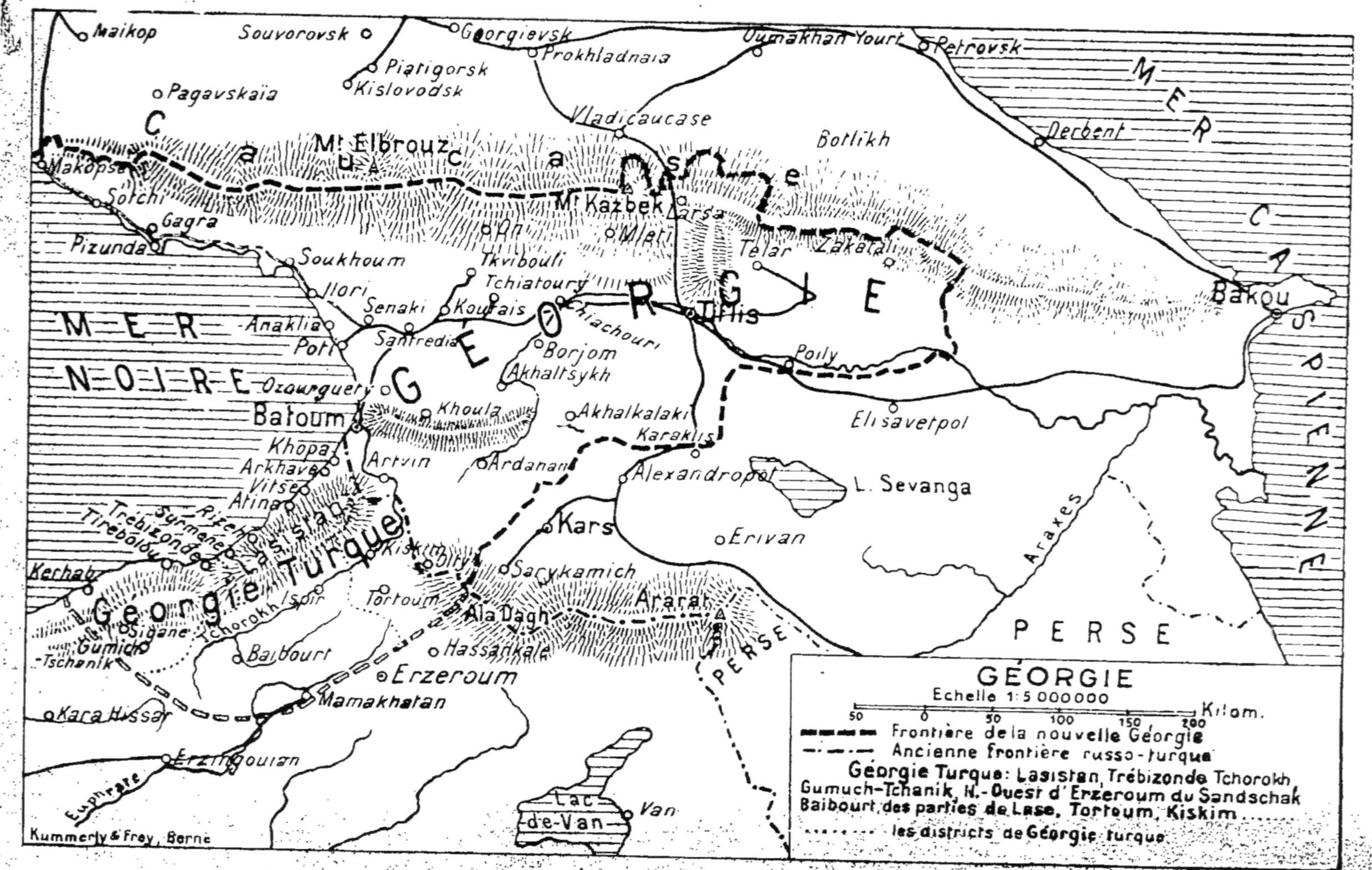

Maikop
Souvorovsk
Georgievsk
Oumakhan Yourt
Petrovsk
Piatigorsk
Prokhladnaia
MER
Pagavskaïa
Kislovodsk
Vladicaucase
Botlikh
C a u c a s e
Mt Elbrouz
Derbent
Makopse
Sotchi
Mt Kazbek Larsa
C
Gagra
Pizunda
Mleti
Telar Zakatali
Bakou
Soukhoum
Tkvibouli
Ilori
Tchiatoury
Senaki Koutais
G E O R G I E
Anaklia
Kiachouri
Poily
MER
Poti
Santredia
Borjom
NOIRE
Ozourguery
Akhaltsykh
Batoum
Khoula
Akhalkalaki
Elisavetpol
Khopa
Karaklis
Arkhave
Artvin
Ardanan
L. Sevanga
Vitse
Alexandropol
Atina
Kars
Erivan
Syrmane
Rize
Trebizonde
Tirebolou
Kerhab
Géorgie Turque
Kiskim
Olty
Araxes
Sigane
Tchorokh Ispir
Sacykamich
Ararat
Gumich
Tortoum
Ala Dagh
PERSE
Tschanik
Baibourt
Hassankale
Erzeroum
PERSE
Kara Hissar
Mamakhatan
GÉORGIE
Echelle 1:5 000 000
Erzingoutan
50   50   100   150   200   Kilom.
Euphrate
Frontière de la nouvelle Géorgie
Lac
Van
Ancienne frontière russo-turque
de Van
Géorgie Turque: Lasistan, Trébizonde Tchorokh
Gumuch-Tchanik, N.-Ouest d'Erzeroum du Sandschak
Baibourt, des parties de Lase, Tortoum, Kiskim
Kummerly & Frey, Berne
les districts de Géorgie turque

PRÉFACE.

Le livre que nous présentons au public est l'œuvre de l'écrivain géorgien, M. Véchapèli. Il a paru pour la première fois à Moscou, en 1916, aussi porte-t-il l'empreinte du drame mondial de cette époque, en même temps que celle de la triste situation de la Russie tsariste. Le sujet n'en est pas moins d'une telle actualité et la composition si parfaite, que l'édition d'une traduction française semble tout indiquée.

C'est très à propos que l'auteur cite dans son texte les mots prophétiques de David, le chanteur de psaumes, qui se trouvent gravés sur les anciennes armoiries des rois géorgiens: « Ils se partagent mes vêtements et tirent ma tunique au sort» (Ps. 21, 19), car ces mots illustrent on ne peut mieux le passé de martyre du peuple géorgien. N'est-ce que le passé? Non, il n'en est pas ainsi, malheureusement. Ils ne peuvent pas s'y tromper, ceux qui suivent de près les marchandages poursuivis ouvertement à Paris par les « revendicateurs » grecs et arméniens, se disputant le corps vivant de la *Géorgie turque* connue en Europe sous le nom de vilayet de Trébizonde.

Les Grecs se proposent de restaurer sur ce territoire l'Etat indépendant du Pont-Euxin; les Arméniens font du vilayet entier une partie de l'Arménie future. On vient d'apprendre qu'ils se sont pourtant mis d'accord et que les Grecs ont magnanimement cédé le territoire en question aux Arméniens!

Et les habitants mêmes de ce territoire, comment entendent-ils user de leur droit de disposer d'eux-mêmes? Lequel des deux prétendants considèrent-ils comme le plus capable de prendre en mains leurs destinées? C'est peut-être ce que le lecteur se demande. Le livre de M. Véchapèli répond d'une façon claire et approfondie à cette question. Il abonde en données indiscutables et en témoignages précieux, exprimés par des savants européens, démontrant tous, avec une évidence parfaite, que la *grande majorité* de la population du territoire convoité par les Grecs et les Arméniens est composée de *Lases,* qui parlent la même langue que les Géorgiens-Mingréliens et qui ont conservé tous leurs traits typiques. Prétendre que les Lases sont partisans de l'orientation grecque ou arménienne serait donc absolument méconnaître le principe même des nationalités. Pour être juste, il faut avouer que la faute n'en est ni aux Grecs, ni aux Arméniens, qui ne voient pas la nécessité de s'informer sur l'orientation des Lases, qui même ignorent totalement leur existence. Il faut espérer que cette politique aveugle sera dûment appréciée par ceux qui s'occupent actuellement de remanier la carte de l'Asie-Mineure sur les bases des nationalités et de la démocratie.

De ce que nous venons de dire, il ne faudrait certainement pas conclure que nous autres Géorgiens, nous regarderions d'un œil hostile les aspirations libératrices des peuples grec et arménien, courbés pendant des siècles sous le cruel joug de l'ancienne Turquie. Nous saluons chaleureusement leurs aspirations légitimes vers une renaissance nationale, d'autant plus que cette renaissance correspond également à nos intérêts nationaux.

C'est à ce point de vue que la fondation d'une Arménie libre aux frontières de la République démocratique géorgienne est particulièrement réjouissante. Les Géorgiens, aussi bien que les Arméniens, savent, qu'au cours des siècles, leurs destinées se sont rencontrées et associées plus d'une fois, et que leur avenir dépend dans une très large mesure de la capacité qu'ils montreront à conserver entre eux les relations les plus étroites et les plus fraternelles.

Etant voisins, ils ont certainement des questions en litige, comme par exemple celle de Trébizonde. L'auteur du présent livre fait très justement observer que cette question ne figure au programme arménien que depuis le 26 janvier 1914, date à laquelle fut conclu le fameux accord des puissances avec le gouvernement turc, au sujet des prétendues réformes dans les vilayets de l'Anatolie turque. Au cours de leur longue activité, les politiciens arméniens n'avaient dit mot de la province de Trébizonde jusqu'à cette époque, pour la bonne raison que leurs compatriotes n'atteignent même pas 3 % de sa population.

Nous savons très bien que l'Arménie indépendante a besoin

d'un accès à la mer Noire, mais il ne s'ensuit pas que pour atteindre ce but, il faille faire violence à des centaines de milliers de Lases, qui, tant par leur passé que par leur présent diffèrent totalement du peuple arménien.

Les chefs politiques responsables, géorgiens aussi bien qu'arméniens, peuvent et *doivent* trouver un moyen plus raisonnable et plus juste pour résoudre cette question compliquée d'une manière satisfaisante.

C'est la raison, et la justice aussi, nous l'espérons, qui dirigeront la Conférence de la Paix à Paris. Ses principaux acteurs, avant de résoudre le problème de Trébizonde, trouveront certainement indispensable de se renseigner, et de créer une commission désintéressée qui fera une enquête minutieuse sur place.

En publiant le livre de M. Véchapèli, nous ne poursuivons d'autre but que celui d'attirer l'attention des hommes d'Etat sur l'extrême délicatesse de la question qui y est traitée.

14 Avril 1919.

C H A P I T R E I.

L'histoire de la Géorgie turque.

L'histoire de la Géorgie turque (contrée du Lasistan, de Trébizonde et du Tchorokh) est une des plus navrantes pages de l'histoire du peuple géorgien. Le sort politique du Lasistan était étroitement lié à la destinée de la Géorgie. Au temps où cet Etat était fort, et au point de vue politique et au point de vue de culture nationale, le Lasistan formait avec la Géorgie un tout organique. Mais, toutes les fois que les incursions des Barbares venaient à émietter les forces matérielles de la Géorgie et que l'idée de l'unité nationale de la collectivité géorgienne subissait une « obscuration », le Lasistan, province limitrophe, était la première partie de l'Etat géorgien qui se voyait séparée de son centre gouvernemental et qui tombait sous la domination des empires qui se succédaient en Asie-Mineure.

Les Lases appartiennent à l'un des trois groupes qui constituent les tribus géorgiennes (cartvélien, souanien et mingrélo-lase). Ces trois groupes possèdent leurs dialectes qui se trouvent englobés dans la langue nationale « cartvélienne » (géorgienne). Cette langue a été celle des poètes, des littérateurs, des hommes politiques et des théologues de l'antique Lasistan. Les territoires du Lasistan de nos jours, côtes du Sud-Est de la Mer Noire, correspondent exactement aux territoires des anciens Lases de l'ère anté-chrétienne dont parlent les historiens grecs et romains. Pline et Arrien mentionnent les Lases et les Sannègues peuplant les côtes du Pont. Les Sannègues ou Sanni (Zannoi) sont ces mêmes « Tzani » dont il est question dans les dernières chroniques grecques et qui s'identifient aux « Dtchani », cités par les géographes géorgiens. Ces noms « Lases », « Dtchani » ont été conservés jusqu'au XXᵉ siècle dans la dénomination de deux « sandjak » (sous-préfectures) du vilayet de Trébizonde, ceux de « Djanik » et de « Lasistan ».

La destinée politique des anciens Lases était liée, d'une part au sort des quatre empires asiatiques: La Perse, le Pont, l'empire romain et celui de Byzance, et d'autre part au sort de l'antique

Géorgie (plus précisément, à sa partie occidentale — la Colchide). La province du Lasistan, avec sa ville principale, Trébizonde, a joué un grand rôle dans les rapports des Persans, des Romains et des Grecs avec la Colchide, vers laquelle ses tribus parentes, les Lases et les Dtchani étaient naturellement attirées. Il y a eu des moments où cette « attraction » provoquait l'union à l'Etat. Ainsi, selon Strabon, la reine de Colchide, Pithodoride, régnait sur les Colchidiens, les Tibars, sur Trébizonde et la Pharnacie. Toutefois, les Lases ont toujours su garder une certaine indépendance, ayant leurs propres princes régnants et des troupes aguerries avec lesquelles leurs voisins, de l'Est comme de l'Ouest, devaient compter.

Le développement matériel et religieux des Lases a subi, encore avant l'ère chrétienne la forte influence de l'hellénisme. Les groupes apparentés des tribus lases, dès le VIIIe siècle avant J.-Chr., prenaient très activement part au mouvement commercial qui se faisait de l'Europe à l'Asie-Mineure et plus loin, par les colonies grecques riveraines de la Mer Noire. Dès le VIIIe siècle avant J.-Chr., Trébizonde avait été fondée et devenait très vite un important centre commercial et politique des provinces lases. Kérassounde, Atina, Rizé, ainsi que d'autres points de la côte du Lasistan étaient également des colonies grecques. Mais, simultanément avec la colonisation étrangère, une immigration au Lasistan d'éléments provenant de l'intérieur de la Géorgie et appartenant au groupe cartvélien, se déversait presque sans discontinuer, recevant d'une part et transmettant à la métropole des courants de l'esprit hellénique et d'autre part, raffermissant les traditions de la culture géorgienne portant des empreintes de l'Orient iranien.

L'extension du Christianisme en Géorgie, qui a commencé par les Lases et qui a passé après aux tribus du Nord-Oouest: Souaniens, Abkhases et Cartalins, a coïncidé avec l'instauration de l'hégémonie de la politique et de la civilisation de Byzance au Lasistan. L'influence persane allait en diminuant, tandis que l'hellénisme s'introduisait largement en Géorgie, suivant le cours du Tchorokh et se dirigeant vers les bassins des rivières du Rion et de Mtkvari.

Au temps de Justinien, la province de Trébizonde était devenue une éparchie pontique, puis une *Thema Chaldia* avec pour chef-lieu la ville même de Trébizonde. Les vice-rois de cette *Thema*, s'appuyant sur la force armée des Lases, aspiraient de tout temps à se séparer de Byzance et se faisaient appeler des Ducs.

L'importance de la culture lase de cette époque peut se caractériser par le fait de la présence de deux délégués au VIe Concile de Constantinople dont les arrêtés portent leurs signatures: «Théodore, humble évêque de la contrée des Lases » et « Ioanne, humble évêque de la contrée des Lases, de Iétri ».

Entre temps, l'idée de l'unification nationale s'affirmait avec plus de force, partant encore de l'époque de Vakhtang I qui fit instituer au Ve siècle de l'ère chrétienne un Catholikos autocéphale de l'Eglise géorgienne et qui fonda la ville de Tiflis, centre naturel de la civilisation et de la vie politique des tribus géorgiennes.

Dès ce moment, l'unité nationale de toute la Géorgie — « Sacartvélo »   devient un facteur déterminant de la vie politique et sociale des Géorgiens: Cartalins, Lases, Mingréliens, Souaniens. Ils sont étroitement unis par l'Eglise Nationale et par la littérature nationale. Depuis l'an 607 déjà, lorsque la Géorgie, qui voulait demeurer fidèle à la religion orthodoxe de ses pères, se sépara de l'Arménie monophysiste, on disait que « là où le service lithurgique divin est célébré en langue géorgienne — c'est là la Géorgie ». Cette langue lithurgique et littéraire unissait les peuples géorgiens du Lasistan jusqu'à la Cakhétie et la Cartalinie. Cette langue s'est approprié les plus belles formes d'expression des trois dialectes parmi lesquels le laso-mingrélien, devenant ainsi la langue nationale parlée et écrite de toutes les tribus géorgiennes. C'est en cette langue qu'ont été traduites les Ecritures-Saintes et que le grand poète national des époques ultérieures — Roustavelli, a composé ses strophes divines.

Le ralliement national de la Géorgie a précédé son unification politique, dont l'initiative est due à la principauté de Clardgétie, limitrophe avec le Lasistan, actuellement contrée du Tchorokh moyen. La dynastie des Baghrations de Clardgétie, ayant pour résidence la ville d'Ardanoutch, profitant intelligemment de la protection des empereurs byzantins, exerça une forte influence sur toutes les autres contrées géorgiennes, s'immiscant dans leurs relations, soumettant les unes, s'alliant avec les autres. Sous Baghrat III toute la Géorgie fut unie en une monarchie (1014), devenant ainsi un considérable facteur politique de l'Orient. Sous

David III, la monarchie géorgienne mit fin aux velléités séparatistes du féodalisme et inaugura une énergique lutte extérieure pour restaurer les frontières éthnographiques et stratégiques de la Géorgie.

A la fin du XIe siècle David III pénétra dans la *Thema* de Trébizonde pour conquérir le Lasistan, mais ne put s'y maintenir et dut l'évacuer. C'est à la célèbre reine Tamare qu'échut la possibilité de terminer l'œuvre entreprise . Pourtant, les nouvelles conditions politiques internationales de son époque suggérèrent à Tamare des idées plus grandioses que la simple annexion du Lasistan: elle pensa à la création de l'empire de Trébizonde.

L'apparition des Turcs-Seldjoucides a été le nouveau facteur international qui modifia le sort des peuples de l'Asie-Mineure. Les Turcs, après avoir saccagé l'Arménie, occupèrent presque toutes les provinces byzantines de l'Asie-Mineure à l'exception des régions côtières (la Bythinie et Trébizonde). Le sultanat d'*Iconium* (Konieh) qu'érigèrent les Turcs et qu'ils dénommèrent « Roume », c'est-à-dire empire romain (comme si les Turcs étaient les successeurs des Romains) sépara la Géorgie de l'Occident chrétien. Byzance, ayant appelé à son secours des coreligionnaires de l'Europe, devint vite un jouet aux mains des Croisés et entrevit sa fin prochaine. Constantinople tomba sous la menace de l'imminente domination de conquérants européens.

Ces événements incitaient la reine Tamare à penser à la nécessité absolue de la fondation sur les rives du Bosphore et en Asie-Mineure d'un puissant Etat chrétien qui, de concert avec la Géorgie, s'opposerait aux vagues islamiques. Ainsi s'exprime E. Kunnik.

L'idéal de Tamare était l'anéantissement de l'empire des Seldjoucides en Asie-Mineure; il était impossible d'atteindre ce résultat sans l'aide de Byzance, politiquement très affaiblie en ce moment-là et se conduisant avec malveillance envers le seul Etat chrétien de l'Asie-Mineure — la Géorgie, à cause de l'inimitié traditionnelle de la dynastie byzantine régnante des «Anges» envers la Géorgie devenue forte et sa dynastie des Baghratides. Avec l'assistance de l'empereur de Byzance, Georges — le premier époux de la reine Tamare, banni de la Géorgie, s'y introduisit; mais, vaincu, il dut reculer devant les armées géorgiennes. Il est compréhensible qu'après cela, Tamare ait voulu profiter de la première occasion propice qui se serait présentée pour s'immiscer dans les affaires byzantines, afin de déposer la dynastie détestée des «Anges» et de s'assurer le concours amical de Byzance sous une nouvelle dynastie.

Pour pouvoir réaliser ses plans politiques, Tamare choisit les Comnènes, dont la dynastie avait été détrônée et chassée de Byzance par Isaac l'Ange en 1185. Les descendants de la dynastie des Comnènes qui était apparentée avec les Baghratides géorgiens, Alexis et David, trouvèrent asile à la cour de Tamare; c'est également là que vinrent se réfugier les partisans des Comnènes, fuyant la colère de la dynastie des «Anges».

Tamare avait pris la décision de faire installer au trône de Byzance Alexis Comnène qui était entièrement sous l'influence de sa puissante parente.

Profitant de l'incident survenu au sujet des moines géorgiens, qui avaient été pillés à Constantinople, Tamare, en 1204, au moment de la mort du sultan de Konieh, Rokan-Eddine, déclara la guerre à l'empire de Byzance. Alexis et David Comnène, à la tête d'une forte armée géorgienne, pénétrèrent au Lasistan et occupèrent rapidement la province de Trébizonde jusqu'à Sinope. Alexis Comnène fut proclamé empereur byzantin et romain aussitôt qu'il s'était rendu maître de la ville de Trébizonde, tandis que Byzance, séparée de Trébizonde par les possessions des Turcs-Seldjoucides, devint la proie des Croisés qui s'emparèrent de Constantinople et qui fondèrent l'empire Latin. Seule la Bythinie, province byzantine de l'Asie-Mineure, ne fut point incorporée au nouvel empire et un grand chef grec, Théodore Lascaris, y fonda un nouvel Etat, la Nicée.

Alexis Comnène, devenant empereur de Trébizonde et du Lasistan, ne cessa de penser à la conquête de Constantinople. Mais, en 1213, sa protectrice, la reine Tamare, mourut. Abandonnés à leur propre initiative, les Comnènes ne surent se maintenir à la hauteur de leur tâche « d'empereurs romains » . . . Contre leur prétention à l'hégémonie sur l'Asie-Mineure, l'Etat musulman d'Iconium (Konieh) et l'Etat chrétien de Nicée s'allièrent : la ville de Sinope fut conquise par les Seldjoucides et l'extension de l'empire de Trébizonde vers l'Occident pris fin.

Avec le secours des légions géorgiennes que l'historien anglais de l'empire de Trébizonde, Finhay, appelle « les plus valeureux guerriers de toute l'Asie » (« the bravest warriors in all Asia »), les Comnènes réussirent à s'opposer à la poussée des flots de musulmans, venant d'Iconium (Konieh) ....

Mais, l'invasion des Mongoles qui avait affaibli la Géorgie à tous les points de vue, et plus tard, l'irruption en Asie-Mineure des Turco-Osmanlis, décidèrent du sort de l'empire de Trébizonde. Après Constantinople qui capitula devant les troupes de Mohammed II (1453), Trébizonde perdit d'abord son indépendance politique et fut ensuite complètement soumis (1461).

L'idée de Tamare de refaire un puissant empire Byzantin sous une dynastie, amie sinon alliée de la Géorgie, ne put être réalisée. Néanmoins, la création de l'empire de Trébizonde qui dura un peu plus de deux siècles et demi (1204—1461) et qui fut un résultat réel, a été l'un des plus considérables événements politiques de l'histoire universelle.

En 1481 (après l'effondrement du joug tartare), Ivan III se ressouvenait encore avec regret de la disparition de l'empire de Trébizonde.

La conquête de Trébizonde par les Turcs a été le prodrome de l'islamisation de toute la Géorgie du Sud-Ouest qui commença par l'incorporation politique de territoires Géorgiens à l'empire Turc et qui se termina par leur dénationalisation.

En ce moment-là, la Turquie n'avait pas devant elle la Géorgie puissante et unie du temps de Tamare. L'invasion des Mongoles avait brisé cette puissance, et les velléités de décentralisation des grands seigneurs féodaux trouvèrent l'instant souhaité pour reprendre le mouvement de séparatisme politique arrêté sous le règne de David III. C'est ainsi que la Géorgie fut divisée en trois royaumes: Cartalinie, Cakhétie, Imérétie, et en cinq principautés: Gourie, Mingrélie, Abkhasie, Souanie et Samtskhé. Cette dernière contrée est appelée dans la géographie historique de la Géorgie du nom de Meskhéti. A partir de la deuxième moitié du XIIIe siècle cette principauté a été gouvernée par des princes à demi indépendants de la famille des Djakéli, plus tard Atabeghs. Les territoires de la principauté de Samtskhé des Atabeghs comprenaient une partie du Lasistan sans la ville de Trébizonde, la Tao-Clardjetie (contrée du Tchorokh turc de nos jours), l'Adjarie, la Chavchétie, la Djavakhétie et la ville d'Ardahan.

En 1465, Atabegh dut céder le Lasistan et l'Adjarie à la principauté de Gourie en récompense du secours armé consenti par cet Etat. Mais, déjà le sort de Samtskhé était décidé. Les Turcs venant de Trébizonde et de l'Arménie occupèrent le Lasistan, la Clardjétie et l'Adjarie. En 1609, les princes gouriens purent, néanmoins, reprendre ces provinces aux Turcs, mais pas pour longtemps. Le manque d'une forte organisation géorgienne unifiée enlevait aux faibles principautés autonomes les moyens de résister aux puissantes armées impériales des sultans. Tout ce que les Gouriens purent faire, fut d'arrêter efficacement l'incursion des Turcs sur la ligne de défense naturelle dessinée par la chaîne de montagnes séparant la Gourie et l'Imérétie de l'Adjarie. Toutes les tentatives des Turcs de se fortifier sur le versant opposé de cette chaîne de montagnes demeurèrent sans succès.

Après le Lasistan et l'Adjarie les autres parties de la principauté de Samtskhé (Chavchétie, Djavahétie, Ardahan et Akhaltsikh) furent aussi politiquement absorbées par l'empire turc. En 1625, Atabegh Beka III, le dernier, fut obligé de se convertir à l'Islamisme et reçut le titre de Sapar Pacha. L'islamisation de Samtskhé se fit rapidement. Ce furent les classes supérieures qui d'abord adoptèrent, avec la religion musulmane, la langue turque et sa littérature. Les antiques sanctuaires, les temples et les églises de l'Orthodoxie géorgienne furent fermés. (Beaucoup ont été conservés jusqu'à présent, et parmi ceux-ci, le célèbre temple de Parkhal, dans le Lasistan, sur le versant oriental de la chaîne de montagnes pontique, au confluent de l'Ispire. La longueur de cette église est 45 et la largeur de 35 pas. La hauteur de ses colonnades de l'Est est de 75 pieds. Sur ces colonnades on peut encore voir des images du Christ et des inscriptions géorgiennes, selon lesquelles, cette église a été construite sous le règne du roi géorgien Alexandre, en 931. M. Kasbek, qui a visité cette contrée en 1874, rapporte que le temple de Parkhal, resté sans coupole, était devenu une mosquée; que dans le village, près de cette église il y avait 200 foyers géorgiens, dont 80 appartenaient encore au culte chrétien et formaient une commune à part, et que la dignité de prêtre de cette commune se transmettait par héritage.)

Dans le district de Tortoum se trouve le célèbre monastère de

Khakhoul, dont l'église est consacrée à la Vierge. L'icone de la Vierge existe encore au Couvent de Ghélat, près de Koutaïs.

Beaucoup de monuments disparurent ou gisent sous des ruines, inspirant une peur religieuse aux habitants des alentours.

En somme, on peut dire que la contrée de Samtskhé, qui, dans l'antiquité, était à la tête du mouvement national créateur de la culture de la nation géorgienne, contrée qui donna à la Géorgie le code des Atabeghs Bekis et des Aghboughi, les œuvres de Mertchoula et de Roustavéli, était destinée à la dégénération complète par la perte de son caractère national, de sa langue, de sa religion et de sa civilisation. Mais, malgré plus de quatre siècles de prédominance d'une politique de barbares, la conservation de l'esprit national sauvegarda la Géorgie turque d'une dénationalisation totale: le peuple a su conserver le type de sa race, sa langue (laso-géorgienne), son organisation familiale, son mode de vie sociale et, en partie, ses croyances.

Et le *processus* de dénationalisation arrive à son extinction, n'ayant pas été destiné à « parvenir à ses fins en présence de nouveaux facteurs historiques » (paroles de l'académicien N. I. Marr).

Ces « nouveaux facteurs historiques » commencèrent à apparaître déjà vers la fin du XVIIIe siècle; ils s'affirmèrent de plus en plus dans le courant du XIXe siècle, et maintenant, au début du XXe siècle, au moment de la guerre mondiale, ces « nouveaux facteurs historiques » dictent impérieusement à notre conscience la nécessité absolue de l'union de la Géorgie chrétienne et de la Géorgie musulmane.

Deux grands mouvements se dessinèrent au Caucase vers la fin du XVIIIe siècle: celui de l'unification des principautés et des royaumes géorgiens désunis, et la marche de la Russie vers le centre naturel de son impérialisme — vers la Mer Noire et les Détroits. La destinée a voulu que ces deux mouvements s'enchevêtrassent dans leur développement.

L'idée de l'unification nationale s'est personnifiée en Iraklius II, réunissant sous son sceptre la Cartalanie et la Cakhétie et devenant le souverain de toute la Géorgie en vertu d'une conven-

14

tion d'alliance avec les « rois et les princes souverains de la Géorgie ». Ce traité, qui porte les signatures du roi Salomon d'Imérétie, des princes de Mingrélie et de Gourie, commence ainsi : « La Cartalanie, la Cakhétie, l'Imérétie, Odichi ou la Mingrélie, la Gourie et les possesseurs de toute la haute et la basse Ibérie, étant une et même nation, parlant une et même langue et appartenant à la même Eglise chrétienne de l'Orient, avons décidé d'instaurer dans notre commune patrie la paix tant souhaitée, etc. »

Par ce même traité d'alliance, les souverains d'Imérétie, de Mingrélie et de Gourie reconnaissent « la suprématie de l'autorité paternelle et tutélaire » d'Iraclius II, s'engageant à se soumettre à ses conseils » . . . . *)

La restauration de la vie politique de la Nation Géorgienne commençait. Le Daghestan avait une attitude bienveillante... Les Khans d'Erivan et de Gagine se reconnaissaient vassaux de la Géorgie... L'armée avait été réorganisée et la conscription générale instaurée. Le raffermissement politique s'opérait de pair avec le relèvement économique et le développement de la culture nationale géorgienne. Des négociants italiens et des missionnaires du Saint-Siège entretenaient les relations avec l'Occident. La conscience nationale se manifestait de plus en plus, se basant sur les traditions historiques, juridiques et poétiques du grand passé.

Menant une politique d'unification, Iraclius II poursuivait également le but de réunir de nouveau à la Géorgie les contrées d'Akhaltsikh et de l'Adjarie avec le Lasistan tombées sous la domination de la Turquie. (L'historien A. Th. Kipchidzé signale cela tout particulièrement.)

Une identique tendance de s'unir en un tout existait aussi dans les parties de la Géorgie occupées par les Turcs. Les familles souveraines de ces contrées avaient tenté maintes fois d'entrer en pourparlers dans le but de se rattacher à la Géorgie. (Ainsi, à la suite des conférences qui eurent lieu entre le prince Gouriéli et Selim Pacha d'Adjarie, ce dernier, considéré comme déloyal, fut décapité par les Turcs.)

L'intention d'Iraclius de réunir à *la Géorgie* ses *irredentas*, se

---

*) Voir les « Ecrits de la Géorgie », édités par le professeur A. A. Tsagaréli, avec l'autorisation de l'empereur Alexandre III. *(Gramoti Grousiy.)*

heurtait aux intérêts des Etats musulmans de l'Asie: la Turquie et la Perse, et surtout la Turquie qui n'entendait pas renoncer aux avantages stratégiques des territoires de la Géorgie turque pour l'attaque et la défense contre le Nord (Akhaltsikh, Ardahan, Kars et Batoum). Tandis que, du Nord, l'empire russe avançait lentement ses tentacules vers le Caucase...

Dès l'époque de Pierre le Grand, la politique de la Russie devint ouvertement impérialiste... L'annexion de l'Ukraine ouvrit le chemin vers la Mer Noire. La conquête de la Crimée et la colonisation du Caucase septentrional amenèrent la Russie au seuil de la Géorgie. La perspective de l'hégémonie russe sur le Caucase, grosse de conséquences, quoique vaguement encore, commençait à se dessiner déjà... La valeur stratégique du Caucase pour les frontières de la Russie méridionale, son rôle économique, l'avantage de ses routes d'accès vers la Perse et les Indes, ainsi que son importance politique pour la domination de la Mer Noire, avaient été prévus par le génie de Pierre le Grand lors de son expédition en Perse. Pierre de Russie prit également en considération la position favorable de la Géorgie au Caucase et le rôle éminent que cette collectivité civilisée, matériellement et politiquement forte, pouvait jouer. C'est ce qui l'incita de proposer à Vahtang VI, alors roi de Géorgie, une alliance en vue d'une campagne contre la Perse. L'entente entre le tsar Pierre et la Géorgie pour la guerre avec la Perse fit apparaître des tendances de rapprochement entre la Russie et la Géorgie.

En Turquie et en Perse, on se rendit parfaitement compte du danger de ce rapprochement. Le chah de Perse, Nadir, imagina d'écarter ce danger en mettant en contact les frontières de la Perse et de la Turquie par une chaîne de possessions musulmanes à travers le Caucase septentrional (Turquie, Crimée, Kabarda, Tchétchénie, Daghestan, Perse), élevant ainsi un mur de défense contre la poussée de la Russie... La Géorgie devait renoncer à son orientation politique vers le Nord en se résignant à entrer définitivement dans la sphère d'influence de l'Islam, sous peine de subir le sort du Lasistan et de l'Adjarie.

Catherine II opposa à cette idée l'audacieux « projet grec » des Potemkine et des Zouboff préconisant la restauration, sous l'hégémonie de la Russie, de toute une rangée d'Etats chrétiens en partie disparus (Byzance) depuis la mer Adriatique jusqu'à la Caspienne, afin de refouler le monde musulman dans les profondeurs de l'Asie. Le « projet grec » de Catherine II prévoyait l'existence d'une Géorgie alliée, unie, matériellement et politiquement puissante, pouvant servir d'appui à la politique et à la stratégie russe en Asie-Mineure. (D'après le professeur A. A. Tsagarelli.)

La Géorgie choisit naturellement l'orientation vers le Nord, conforme aux conditions de sa vie nationale, et unit sa destinée à celle de la Russie. Le traité russo-géorgien de 1783 conclu entre Iraclius et Catherine plaça la Géorgie dans les normes politiques et juridiques de l'Etat protecteur selon l'acte synallagmatique. C'était, en l'espèce, la réunion à la Russie de toute la Géorgie historique et éthnographique, l'orientation politique d'Iraclius vers le Nord n'étant que l'expression même de la volonté de toutes les contrées géorgiennes. Cela est clairement démontré dans l'appel adressé à Catherine II par les rois et les souverains de la Géorgie, daté du 10 février 1793 : — (« Sa Majesté ne cessant de nous proposer par l'intermédiaire de ses envoyés, à nous, les rois d'Ibérie, de nous unir, ce qui a d'ailleurs été réalisé par un traité perpétuel, contracté entre nous, les rois et les souverains de la Cartalinie, de la Cakhétie, de l'Imérétie, de la Mingrélie et de la Gourie... Depuis ce temps là, nous, les rois et souverains de toute la Géorgie désirons que ... à l'égal du royaume de la Cartalino-Cakhétie, toute l'Ibérie, puisse se trouver sous la protection de Votre Auguste Maison » ...) Ce document est signé par Iraclius, Salomon (d'Imérétie), Grégoire (de Mingrélie) et Vahtang (de Gourie).

La Convention avec Iraclius ne plaçait pas seulement la Géorgie chrétienne sous le protectorat de la Russie. Encore en 1788, ce roi faisait remarquer à Catherine II, que conformément au traité d'alliance existant entre l'Imérétie, la Mingrélie et la Gourie avec la Cartalinie, au cours des pourparlers ultérieurs de la Russie avec la Sublime Porte, il faudrait, en vertu de la convention conclue en 1783, (entre la Russie et la Géorgie) obtenir la restitution des domaines d'*Atabegh*, se trouvant sous la domination ottomane, rendre *la province d'Akhalsikh* à la Cartalinie et l'Adjarie avec ses dépendances (c'est-à-dire le littoral du Lasistan et de la contrée du Tchorokh) à l'Imérétie, comme leur appartenant de tout temps.

Le titre d'Iraclius II est mentionné dans la convention de 1783 comme suit: Roi de Cartli, de Cakhétie, souverain héréditaire de *Samtskhé Saatabago* ... etc. Samtskhé Saatabago, c'est précisément le nom de la Géorgie turque (Lasistan, Adjarie, Akhaltsikh) que la Russie s'était engagée par la convention de 1783 à reprendre aux Turcs. Notamment la quatrième clause spéciale de ce traité stipule que: « Sa Majesté Impériale promet de faire, en cas de guerre, son possible par la force des armes, et en cas de paix d'insister, afin d'obtenir la restitution des territoires et des contrées appartenant depuis longtemps au royaume de Cartalinie . .»

Quelques années plus tard, ce protectorat, étant basé sur une convention comportant dans ses clauses la stipulation d'aide militaire, amena la Russie à une lutte ouverte avec le monde musulman qui n'entendait pas permettre à l'influence russe de s'affermir au Caucase. Parallèlement à cette lutte les attaches reliant l'empire et le protectorat géorgien se multipliaient et se fortifiaient. En 1801, la Géorgie s'unit à l'Empire Russe lui ayant été incorporée à l'instar de l'Ukraine.

Poursuivant la réalisation de ses plans stratégiques, politiques et économiques dans le bassin de la Mer Noire, la Russie, au cours de tout le XIXe siècle, put accomplir la mission, dont elle s'était chargée, ae reprendre tous les territoires géorgiens arrachés par la Turquie.

Les guerres de la Russie avec la Turquie en 1828—29 et en 1877—78 réunirent à la Géorgie presque toute l'antique Meskhétie (Samtsé Saatabago): l'Adjarie, la Chavchétie, Ardahan, Akhaltsikh, Akhalkalaki. Seuls le Lasistan et la contrée du Haut-Tchorokh (Clardjetie) se trouvent encore sous la domination turque.

Les territoires d'Akhaltsikh et d'Akhalkalaki et le littoral de la Mer Noire depuis Anapa jusqu'à Poti furent cédés à la Russie conformément au traité de paix signé à Andrinople, en 1829.

La rétrocession de Poti, ce port naturel de la Géorgie occidentale, fut d'une grande importance pour elle. C'est pour cette raison que les Turcs, au temps de leur domination sur cette contrée, tenaient tout particulièrement à ce port, privant ainsi la Géorgie de ses débouchés maritimes et de leurs avantages économiques.

L'Adjarie, la Chavchétie et Ardahan avec le littoral de la Mer Noire de Poti à Makrial (près de Batoum) furent abandonnés à la Russie en vertu du traité de San Stefano de 1878. Ce traité a provoqué un tel mécontentement en Europe, et surtout en Angleterre, que s'il n'avait pas été modifié au Congrès de Berlin, certainement une nouvelle guerre, une guerre pan-européenne, aurait éclaté.

A la veille de la restitution de ces parties de la Géorgie turque à leur mère-patrie, elles eurent à supporter une cruelle recrudescence de turquisation. L'établissement de la Russie en Transcaucasie, par l'union avec la Géorgie, attira spécialement l'attention de la Turquie sur les territoires géorgiens soumis à sa domination, le Lasistan et l'Adjarie, qui étaient gouvernés par des princes-beys presque autonomes. Ces Beys résidaient dans leurs châteaux féodaux, disposant de forts contingents de gens d'armes et régnant, pour ainsi dire, sur des parties délimitées du littoral de la Mer Noire de Trébizonde jusqu'à Batoum, et plus loin, entre Poti et Soukhoum-Kaleh. La vassalité de ces Beys ne consistait, en réalité, qu'en redevances tributaires et obligations militaires. La peur provoquée par la politique d'extension de la Russie fit changer l'aspect des choses. La Turquie prit la décision de soumettre complètement les contrées géorgiennes occupées, d'y introduire une administration absolument turque et de les turquiser ... L'opération fut commencée au Lasistan d'abord. Osman Pacha, le vali (gouverneur) de Trébizonde saccagea cette partie de la Géorgie turque. Les Lases défendirent leur liberté avec acharnement : les armées turques devaient combattre non seulement contre les hommes, mais contre les femmes également, qui se battaient héroïquement en compagnie de leurs frères et de leurs maris, évoquant par leur valeureuse attitude la légende des amazones.

L'autorité et l'administration des Beys ont été annihilées et remplacées par des institutions turques. Après le Lasistan, l'Adjarie subit le même sort. Dans cette contrée, de même qu'au Lasistan, les Beys perdirent tous leurs souverains privilèges et la conscription générale y fut imposée. (Cette dernière était de grande importance pour la Sublime Porte : les Géorgiens-musulmans, comme excellents soldats, étaient indispensables pour l'armée turque.)

Les classes sociales chez les Lases et les Adjariens furent nivelées. Les propriétés domaniales des Beys furent sequestrées et confisquées par l'Administration turque qui, de sa propre initiative, répartit conditionnellement ces terres aux paysans...

Ce « nivellement » a été aussi étendu aux particularités locales. Ainsi, les noms de famille aux terminaisons géorgiennes de «chvily» et de « dzé » reçurent la terminaison uniforme de « ogly ». L'adjonction du mot géorgien « tskhali » - (eau) aux noms des rivières et cours d'eau fut remplacé par le terme turc « sou » (eau) : Tchourouk-sou, Adjar-sou, etc. Les noms de villages et des montagnes furent également « turquisés » et la langue turque fut déclarée langue officielle des tribunaux, des écoles et des Mosquées.

Mais le conservatisme du caractère national sauva les Géorgiens-musulmans de la dénationalisation complète. Le type de la race, la langue, les traditions, les mœurs et les us, gardés surtout par les femmes, tout cela était le ferment de l'existence nationale qui a soutenu de tout temps la conscience nationale géorgienne.

Lors de la restitution, conformément au traité de Berlin du 13 juillet 1878, de l'Adjarie, de la Chavchétie, d'Ardahan, par les Turcs, les plus belles intelligences des milieux intellectuels géorgiens, comme le prince Ak. Tsérétéli, le prince Il. Tchavtchavadzé et N. Nikoladzé, qui souhaitaient ardemment l'union étroite de tous les Géorgiens musulmans et chrétiens en un seul Etat, virent leur espoir prendre corps.

En 1878, après la guerre, une fête historique fut organisée par la société géorgienne en l'honneur d'une députation des Géorgiens-musulmans de la province de Batoum récemment réincorporée à la Géorgie. A cette fête prirent part d'un côté les personnalités les plus influentes de la vie sociale géorgienne, comme Dim. Kipiani, Orbeliani, Ak. Tsérétéli, G. Tsérétéli, S. Meskhi, Al. Zoubaloff, et de l'autre, les représentants de l'Adjarie et de la Chavchétie, parmi lesquels se trouvaient les Beys souverains chérif Khimchiachvili, Hussein Abachidzé, et aussi le mufti Sourmanidzé, les députés d'Artvine, etc.

Cette fête fut une solennité commémorative de l'union tant désirée des frères séparés par l'adversité la plus cruelle. Le prince Ak. Tsérétéli, talentueux poète, prononça en cette occurence un mémorable discours qui fait désormais partie du patrimoine intellectuel de la nation géorgienne :

« En ce jour, dit le prince Ak. Tsérétéli, nous pouvons aller sur les tombes de nos afeux afin de leur annoncer que l'héritage laissé par eux a été précieusement gardé.

« Cet héritage, c'est notre nationalité d'origine, et notre langue. Nos aïeux se sont sacrifiés au nom de ce patrimoine. Ils avaient embelli et enrichi notre langue à tel point, que même nos frères, les Géorgiens musulmans, depuis trois siècles arrachés de notre giron par l'ennemi, ne se désaisirent point de ce legs inestimable!

« Nos ancêtres créèrent la nationalité géorgienne en lui donnant un caractère tellement particulier et empreint d'originalité extérieure comme intérieure, qu'encore de nos jours on reconnait le Géorgien à première vue. Cette originalité est demeurée presque intacte chez nos frères... Pour s'en rendre compte, il n'y a qu'à regarder ceux qui se trouvent à cette table, parmi nous.

« C'est une preuve que le testament de nos aïeux a été scrupuleusement observé aussi bien par nous que par nos frères, et que les attaches naturelles entre eux et nous n'ont jamais été détruites...

« Et puisque nous avons pu garder l'héritage de nos aïeux, étant séparés les uns des autres, aujourd'hui nous devons nous donner la main et marcher dans le même chemin pour atteindre le but qui nous est commun.

« Dans l'histoire des peuples, nous ne serons point une douloureuse et lamentable exception. Nous saurons faire face à la fatalité d'où qu'elle vienne. Que les portes soient ouvertes à l'heure, à un futur heureux et sachons nous unir contre l'adversité.

« Ainsi, nous aurons obéi au testament de nos pères... »

Les paroles de Ak. Tsérétéli étaient le mot d'ordre de toute la Géorgie. Mais, si les Géorgiens-musulmans rendus à leur mère-patrie, durant quarante ans de vie politique et économique en contact direct avec leurs frères chrétiens ne se sont pas complètement adaptés à la vie nationale; si le foyer de la civilisation géorgienne a été privé de l'active collaboration morale et matérielle de plus de deux cents mille de ses enfants; si dans la contrée, où le grand Roustavélli a vu le jour, on n'entend plus rien concernant de nouveaux créateurs de la parole et de la pensée; s'il n'y a pas encore une entière communauté d'idées entre les Géorgiens musulmans et chrétiens, la lourde responsabilité de tous ces faits, regrettables au premier chef, incombe à la myopie politique des hommes du passé et à leur appréhension du « pangéorgianisme »... Les anciens gouvernants du Caucase s'étaient fait un devoir de contrecarrer la sincère initiative des intellectuels géorgiens et les efforts des institutions géorgiennes visant le relèvement de la vie sociale et nationale... Ils préféraient, ou plutôt trouvaient plus conforme à leur manière politique de voir, d'opposer la question religieuse à la question de la nationalité, utilisant cette manœuvre de désunion parmi les Adjariens, provoquant un conflit, pour ainsi dire, entre leurs sentiments religieux de musulmans et leur conscience de nationaux géorgiens.

Dans l'article relatif aux Adjariens, qui fut publié dans le journal russe « Rousskia Viédomosti » du 31 décembre 1915, l'auteur de ces pages disait :

« Les Géorgiens islamisés n'ont été considérés que comme
« musulmans, et partant de ce point de vue erroné, on ne les a pas
« laissé se réadapter au caractère national géorgien. Pour les
« assimiler à l'Etat, d'autres moyens furent employés : on leur im-
« posa l'administration purement russe, des tribunaux et princi-
« palement des écoles également russes, ignorant sciemment que
« leur parler familial a été et reste la langue géorgienne, et que
« l'idiome turc n'était encore en usage que dans les mosquées. Les
« écoles instituées dans l'Adjarie étaient soumises par le départe-
« ment de l'instruction publique du Caucase à de toutes autres
« normes d'éducation et d'instruction que celles qui servirent de
« base à l'organisation de l'école populaire en Géorgie. »

En somme, cette manière d'agir des gouvernants russes du Caucase a empêché, durant la période écoulée de quarante années (depuis la restitution de l'Adjarie, conformément au traité de Berlin), à ce que le niveau de la culture intellectuelle des Adjariens arrivât à égaler celui des autres provinces géorgiennes.

Les sentiments loyaux de la Géorgie envers le gouvernement russe se sont ouvertement manifestés au cours de cette guerre. Il suffit de se rappeler les héros géorgiens des corps d'armées « caucasiens » sur les fronts de Pologne, de Galicie et d'Asie-Mineure; le héros, le député prince V. Ghélovani; les compagnies géorgiennes et les volontaires géorgiens; la mobilisation en Géorgie, etc. Les Géorgiens musulmans, et en particulier les Adjariens, malgré les incursions des armées turques dans leur contrée, se sont également bien conduits et c'est grâce à leur attitude loyale qu'il a été possible aux armées russes de chasser l'ennemi de cette inabordable contrée montagneuse.

« En dépit du calcul des Turcs, toute la contrée, le peuple de l'Adjarie et de la Chavchétie ne les ont ni aidé ni soutenu », — écrit dans ses « *Lettres sur la Guerre* » le collaborateur militaire du journal russe « *Rousskia Viédomosti* », S. M—ski (« Roussk. Viéd. », 1ᵉʳ avril 1915).

Cette guerre met à l'ordre du jour la question de la fusion complète des Géorgiens musulmans, au point de vue de la culture intellectuelle nationale, avec leurs frères chrétiens.

L'unification nationale des deux millions de Géorgiens, de n'importe quel culte qu'ils fussent, ne peut être indéfiniment différée: leur langue — langue commune à toute la nation, leur consanguinité, leurs mœurs identiques, leurs traditions historiques, leurs relations économiques et enfin la contiguité de leurs territoires, — sont de puissants facteurs de leur imminente unification si ardemment désirée et qui n'a été empêchée jusqu'à présent que par des séparations artificielles — barricades destinées à s'effondrer devant le vœu unanime des peuples géorgiens.

L'avènement du jour sacré de la résurrection nationale coïncidera également pour la province ottomane de la Géorgie historique et éthnographique avec la fin de la guerre. Le Lasistan et Trébizonde doivent se joindre à la Géorgie unifiée.

Il a déjà été parlé du passé historique commun rattachant étroitement le Lasistan à la Géorgie.

Mais, que représentent le Lasistan et Trébizonde en ce moment, comme contrée géorgienne, au point de vue éthnographique, économique et de culture intellectuelle?

CHAPITRE II.

La Géorgie turque contemporaine.

La Géorgie turque contemporaine (le Lasistan, Trébizonde et la contrée du Tchorokh) comprend les territoires des quatre «sandjak» du vilayet de Trébizonde (Lasistan, Trébizonde, Ghumuche-Khané, Djanik), le secteur nord-est du vilayet d'Erzeroum-sandjak de Baïbourt ainsi que les deux « cazas » limitrophes de Tortoum et Kiskim (Livana).

(La division administrative de l'empire turc, en vilayets, sandjaks, cazas, a été faite en 1866 à l'instar de la division administrative territoriale française.)

Le vilayet est en quelque sorte le pendant du département français. Les fonctions du «Vali» (gouverneur du vilayet) équivalent administrativement à celles d'un préfet. Les subdivisions suivantes sont celles de sandjak — sous-préfecture, qui est administrée par un « mutéssarif », de « caza » ayant comme chef responsable un « caïmakam », et enfin de « nahié » qui se compare à une commune.

Le Lasistan avec tout le vilayet de Trébizonde est situé le long du littoral de la Mer Noire, séparé de la contrée du Tchorokh par la chaîne des Montagne Pontiques s'étendant de Sinope à Batoum. Parallèlement à ces massifs, la rapide rivière de Tchorokh suit son cours à travers tout le sandjak de Baïbourt, les cazas de Tortoum et de Kiskim et va se jeter dans la Mer Noire, à proximité de Batoum, en territoire géorgien russe.

Toute cette contrée a une étendue de 38,608 verstes carrées. (Le vilayet de Trébizonde 23,758 verstes carrées, Baïbourt 8646 verstes carrées et les deux cazas de Tortoum et de Kiskim 5215 verstes carrées.)

Selon les données officielles du recensement administratif turc en 1881, la population de cette contrée est répartie comme suit:

Sandjaks	Centres administratifs	Cazas	Nahiés	Nombre des agglomérations	Nombre des feux (foyers)	Hommes selon la statistique de 1881 — Musulmans	Grecs	Arméniens	TOTAUX
Trébizonde	Ville de Trébizonde (capitale du Vilayet et chef-lieu du Sandjak). Platana (bourg) Djévizlik (village)	1. Trébizonde		36	5,000	6,450	1,799	1,609	9,858
Le Sandjak de Trébizonde comprend en tout 7 Cazas et 13 Nahiés.	Buyuk-Liman (village)	2. Vakilf-Kébir		99	6,750	14,507	2,506	1,334	18,347
	Ghiorélé (village)	3. Ghiorélé		51	4,605	7,917	2,842	2,006	12,755
	Tirébeli (petite ville)	4. Tiréboli		64	5,170	5,697	6,406	202	12,305
	Kérasound » »	5. Kérasounde		51	2,734	6,619			6,919
	Ordon (ville)	6. Ordon		19	1,508	3,978			3,978
	Iraklin (village)	7. Surméné		57	2,429	7,682		17	7,699
			1. Platana	52	3,917	12,118	3,375	59	15,552
			2. Jomoura	114	6,913	14,992	2,934	213	18,139
			3. Matchka	34	2,882	7,314	1,793	297	9,404
			4. Charli	32	1,793	7,240			7,240
			5. Tonia	19	1,793	5,051	711	21	5,783
			1. Kéchab	14	807	2,857	124		2,981
			2. Ak-Kieng	62	4,869	9,111	2,626	1,991	13,728
			3. Pir-Aziz	37	2,665	6,596	214	261	7,071
			1. Perchémbé	46	1,745	4,165	926	27	5,736
			2. Habs-Khané	35	1,580	4,377	218	870	5,014
			3. Oulonbék	37	1,831	16,513	327	176	4,668
			4. Boulmasé	36	1,417	4.783	658		5,035
			5. Iba-Sédi	74	7,301	3,926	1,768	177	18,398
SANDJAK DE TRÉBIZONDE . . . . TOTAL				969	67,709	151,983	29,227	9,200	190,320
II. Lasistan	Ville de Rizé (chef-lieu du Sandjak)	1. Rizé		125	6,178	22,662	261		22,923
Le Sandjak de Lasistan comprend en tout 4 Cazas et 5 Nahiés.	Ofa (bourg)	2. Ofa		24	1,482	4,792			4,792
	Atina »	3. Atina		20	1,108	3,585			3,585
	Khopa »	4. Khopa		29	1,792	5,590			5,590
			1. Mapavri	122	9,171	25,645	432		26,077
			2. Kara-Dèrè	67	3,263	8,982			8,982
			3. Kouraï-Sèaa	43	1,939	6,451		22	6,473
			4. Khèmehine	27	1,900	5,734			5,734
			5. Arkhava	41	6,986	7,625			7,625
SANDJAK DE LASISTAN . . . . TOTAL				498	33,819	91,066	693	22	91,781
III. Ghumuche-Khané.	Ville de Gumuche-Khané (chef-lieu du Sandjak)	1. Ghumuche-Khané		65	6,751	5,026	2,579	579	8,184
	Ardassa (village)	2. Toroul		28	1,497	1,919	369		2,288
			1. Koklasse	25	678	1,133	538		1,671
			2. Jaghmour-Dèrè	50	6,297	3,523	8,064		11,317
			3. Ghiortonne	51	4,037	1,686	761		5,447
SANDJAK DE GHUMUCHE-KHANÉ . . . . TOTAL				219	19,260	16,017	12,311	579	28,907
IV. Djanik	Ville de Samsonne (chef-lieu du Sandjak)	1. Samsonne			1,482	6,460	12,753	187	19,400
Le Sandjak de Djanik comprend 6 Cazas et 5 Nahiés.	Tchèrchèmbé (village)	2. Tcherchembè			12	6,637	533	20	7,190
	Termé (village)	3. Termè			10,674	20,975	1,564	4,960	27,499
	Onniè (bourg)	4. Onnié			4,341	191	224	768	10,183
	Fatsia (village)	5. Fatsia (Fatissa)			501	11,667	1,684	1,634	14,325
		6. Baffra			3,997	11,436	644	369	12,449
			1. Kavak		1,504	5,270			5,270
			2. Kara-Kouche		6,985	9,672	6,717	302	16,691
			3. Ala-Tcham		278	4,750	1,276		6,026
SANDJAK DE DJANIK . . . . TOTAL					38,774	85,398	25,395	8,240	119,033

1. Sandjak de Baïbourt.

Sandjaks	Cazas	Centres administratifs des cazas	Centres administratifs des nahiès selon la „Salnamé" de 1881	Nombre des nahiès 1881	Nombre des agglomérations 1881	Nombre des feux (foyers) 1881	Hommes — Musulmans selon la Salnamé	Hommes — Non-Musulmans 1881	TOTAUX
Baïbourt	Baïbourt	Baïbourt		14	56	—	14,092	3,879	17,971
			Agaussous		12	—	1,048	181	1,229
			Evérék		9	—	658	414	1,082
			Ploure		7	—	984	218	1,202
			Pulurék		7	—	528	797	1,325
			Béno		11	—	878	646	1,534
			Tchilar		14	—	1,005	232	1,237
			Kharte		8	—	1,011	27	1,038
			Senure		7	—	1,193	—	1,193
			Kokuresse		18	—	1,308	124	1,432
			Lori-Oulia		14	—	1,688	222	1,910
			Messade		10	—	951	486	1,437
			Beguidji		15	—	1,131	95	1,226
			Balakhor		13	...	823	189	1,012
			Bérné		11	...	886	228	1,114

Les Cazas de Tortoume et de Kiskim.

Sandjaks	Cazas	Centres administratifs des cazas	Centres administratifs des nahiès selon la „Salnamé" de 1881	Nombre des nahiès 1881	Nombre des agglomérations 1881	Nombre des feux (foyers) 1881	Hommes — Musulmans selon la Salnamé	Hommes — Non-Musulmans 1881	TOTAUX
	Tortoume	Nikhakh (village)		3	7	1,960	15,510	890	16,400
			Ekhbéssor		6	455	1,015	—	1,015
			Ardosse		13	—	1,194	105	1,299
			Azorte		5	455	1,012	—	1,012
			Agnaout		12	—	1,142	—	1,142
			Odiok		3	354	1,268	58	1,326
			Ide		10	—	1,520	—	1,520
			Khakho		2	432	1,134	—	1,134
			Zikhik		8	—	1,623	—	1,623
			Chékérli		9	—	860	415	1,275
			Neghudjék		17	378	1,125	61	1,186
			Nikhakh		10	341	1,155	92	1,247
			Kiskha		6	—	1,104	—	1,104
			Kessibuék		16	—	1,358	159	1,517
	Kiskim	Okdém (village)		61	5,411	—	—	26,021
			Pertagrec		—	—	—	—	—
			Djala-Tcham		—	—	—	—	—
			Khoditchore		—	—	—	—	—
			Zor		—	—	—	—	—
			Kiskha		—	—	—	—	—

Le nombre total des habitants de ces contrées est de 462,402. Ce chiffre n'englobe que le sexe masculin, les femmes ayant été jusqu'à ces derniers temps ignorées par la statistique turque. Il faut donc prendre, pour les deux sexes, le chiffre approximatif de 924,804 habitants.

D'après le « *The Statesman's Year book* » 1,265,000. Ce nombre comprend 88,436 non-musulmans (Grecs et Arméniens) et

Les Lases (les Géorgiens-Musulmans).

373,966 hommes musulmans. Il faut remarquer que la statistique officielle turque dite « *Salnamé* » compte, dans ce cas, sans distinction de nationalité, tous les musulmans: Géorgiens-Lases et Turcs-Osmanlis.

Selon les données les plus récentes de D. I. Corvin Velednicki, le nombre des Géorgiens en général est de 2,700,000. Deux millions se trouvent sous la domination russe et 700,000 sous celle de la Turquie. Outre le vilayet de Trébizonde et la contrée du Tchorokh, les vilayets de l'Ouest jusqu'à Constantinople inclusivement sont aussi habités par des colonies entières de Géorgiens-Musulmans. Ces colonies atteignent le chiffre de 200,000.

De nombreux noms géographiques de lieux et localités du Lasistan et de la contrée du Tchorokh témoignent du caractère géorgien de ces provinces. Ces dénominations se sont conservées malgré cinq siècles de joug turc.

Les sandjaks du Lasistan et de Djanik sont les anciennes régions géorgiennes de Lasika et de Djaneti. La province de Baïbourt (en géorgien « Baï-Bourdi ») est appelée encore de nos jours « Ispir » (en géorgien « is-pirà ») ; de même le caza de Tortoum (en géorgien Tortomi). Sur les cartes on peut voir toujours encore un nombre considérable de noms géorgiens de villes, communes et hameaux : Kona, Loma, Tchourkouléti, Gorianta, Mtatskharo, Iméra, Lomira, Marmapoti, Chigniti, Orta-Kioy, Mimtsipile, Parvana, Vitsé, Souméla, Kharava. — Dans la région de Baïbourt on peut voir : Ispira, Khopouri, Kaba, Madena, Khoplati, Mélo, Ardjevani, Khéva, Goudaskhéva, Ordjokhi, Kaladidi, Otkha. Ici se trouve le col de « Gourdji-Bogaze », donnant accès sur Erzéroum. « Gourdji-Bogaze » est le terme traduit en turc de « défilé géorgien ». C'est un point de la frontière de la Géorgie.

Au point de vue anthropologique, les Géorgiens-musulmans de Turquie, — les Lases, — ont conservé le vrai type cartvélien : taille moyenne, nuance brune de la chevelure et des yeux, brachycéphalie accentuée, indice de la tête 87,48.

La langue dans laquelle s'expriment, en masse, les Géorgiens turcs, le dialect Laso-Mingrélien de la langue Cartvélienne, a adopté des éléments des langues grecque et turque, mais si peu nombreux, que les Mingréliens comprennent très facilement les Lases ottomans.

Voici un petit tableau comparatif :

	En mingrélien :	En langue lase :
un	arti	arti
deux	giri	geour
trois	soumi	soumi
quatre	otkhi	otkhi
cinq	khyti	khyti
six	amchvi	ache
sept	chvidi	chtvidi
huit	rouau	rouau
neuf	tchkhoro	tchkhoro
dix	viti	viti

Les noms lases du soleil (bja) de la lune (touta), du firmament (tchkha) sont les mêmes qu'en géorgien-mingrélien. Août, en géorgien « Maria-mobistvé » (c'est-à-dire le mois de Marie), est en lase « Mariachina ». Octobre en géorgien « gvinobis tvé » (c'est-à-dire le mois du vin), est en lase « Ghimoua ». Le nom du mois de décembre « Christéchobis tvé » (c'est-à-dire le mois du Christ), a été conservé par les Lases islamisés.

Tous les explorateurs de la Turquie d'Asie, russes comme Européens-occidentaux, sans parler des Géorgiens, ont observé et remarqué le caractère absolument géorgien du Lasistan et de la contrée du Tchorokh et l'affirment catégoriquement.

Gifford Palgrew, ancien consul d'Angleterre à Trébizonde, parlant des Lases, déclare qu'ils sont, aussi bien d'origine que de langue, les mêmes Mingréliens que ceux qui se trouvent sous la domination russe. Leur teint, dit-il, est plus sombre et leurs traits de figure plus durs, mais ils sont également bien bâtis. Ils ne font usage de la langue turque que dans leurs rapports avec les étrangers à leur pays, tandis que, entre eux, ils n'emploient exclusivement que la langue géorgienne ou le dialecte mingrélien.

D'après ce même auteur, la majorité de la population de tout le littoral de Trébizonde et jusqu'à Samsoun même, à l'Ouest de Trébizonde, est d'origine Laso-géorgienne.

Linch, membre du Parlement anglais, considère une bonne partie des populations turques comme d'origine géorgienne, cette nationalité étant « largement répandue ».

L'écrivain allemand, Hugo Grotte, dit que « les Turcs, même « actuellement, ne sont que nominalement les maîtres de la région « montagneuse du Lasistan. Le vêtement des Lases est une preuve « de leur caractère guerrier et de leur habileté à faire usage des « armes. Ils portent, tout comme les montagnards géorgiens, un « large coutelas ainsi qu'un poignard (kindjaï) et des rangées de « cartouches sur la poitrine. Tout le costume du Lase dénote de « l'audace et même de la provocation : d'étroites culottes, presque « collantes, ornées de bandes latérales; une veste, genre «justau- « corps», épousant les formes du buste; un «bachlique» jaune, espèce « de capuchon à longues attaches qui pendent des deux côtés de « la tête, dans un fantaisiste désordre, — telle est la pittoresque « façon de se vêtir des Lases.

« Fanatiques, quoique la majorité des Lases musulmans ne se
« soient convertis à l'Islamisme que durant ce siècle, follement in-
« trépides et téméraires, ils ne ressemblent guère à des sujets doux
« et soumis comme des moutons. A la moindre insurrection, ils
« deviennent les *enfants terribles* du gouvernement turc. »

Parmi les femmes lases, souvent se révèlent de talentueuses
poétesses qui improvisent des strophes et des couplets pour les
danses nationales par groupes. C'est un des caractères de la vie
nationale géorgienne: la liberté individuelle de la femme dans la
vie de famille.

Au point de vue climatérique, la flore et la faune du Lasistan
et de la contrée du Tchorokh sont les mêmes que celles de la Géorgie russe et de l'Adjarie (province de Batoum)..

Le climat de la région côtière est doux. Vers les altitudes voisines de la chaîne Pontique, il est quelque peu cru, et dans la
Géorgie montagneuse — la contrée du Tchorokh, — le climat est
continental et rigoureux. Le terrain est d'origine volcanique et, en
certains endroits, il est d'origine rocheuse et calcaire.

La richesse et la diversité de la production de la Géorgie turque, et surtout du Lasistan, n'est en rien inférieure à celle de la
Géorgie russe. Elisée Reclus appelle le Lasistan la « région des
fruits ». Il n'y a pas en Turquie une autre contrée aussi riche en
végétations. On y voit une infinité de jardins avec des citronniers,
des oliviers, des noyers, des azalées. L'incomparable miel de ces
jardins plongea dans l'extase les guerriers de Xénophon, revenant
de leur célèbre expédition en Perse.

Le Lasistan est aussi très riche en forêts. D'après la « Salnamé » (statistique ottomane) du vilayet de Trébizonde, pour l'année 1887, l'étendue des forêts était de 5360 verstes carrées (pin,
hêtre, chêne, châtaignier, platane, peuplier, etc.).

Les habitants s'occupent surtout d'agriculture, de jardinage et
de commerce maritime.

La culture des céréales au Lasistan n'est pas intensive. La
production du maïs et de l'orge est insuffisante pour la population.
Le jardinage, la viticulture et la production du tabac sont d'importants facteurs de la richesse du pays.

En dépit des prohibitions du « Chériat », les Lases font de la viticulture sur une grande échelle. C'est une des preuves formelles qu'ils n'ont aucune consanguinité avec les Turcs.

L'exceptionnelle situation géographique du Lasistan qui est bien à l'abri des vents continentaux est des plus favorables au développement des plantations de toutes sortes. Il est comparable à bien des points de vue à la Lombardie.

L'industrie productrice est actuellement peu développée. Gifford ne fait mention que de quelques exploitations de cuivre de Kiskim et de la vallée du Tchorokh, et des mines d'argent aux environs d'Ispir. On trouve des gisements cuprifères dans les montagnes voisines « d'Ofa » et de « Surméné ». Dans les montagnes de « Khemchin », il y a du fer.

L'une des petites industries locales des plus remarquables est la fabrication de tissus dits « toile de Trébizonde ». Sur les rives des cours d'eau du Lasistan (Ispir, Fazar, Fourtouna, Vitsé) il y a des petits établissements de tissage où les femmes tissent sur des métiers des plus rudimentaires l'admirable « toile de Trébizonde » qui est l'un des principaux articles du commerce de l'Asie-Mineure. Les hommes du Lasistan peuvent être appelés les dignes descendants des Tubal-Caïn bibliques — les pères de l'art de travailler les métaux. Les Lases fabriquent de magnifiques armes, ainsi que de la vaisselle et d'autres ustensiles en bronze et en cuivre, très en vogue à Constantinople.

Les Lases se livrent également à la pêche.

Grâce à la situation géographique du Lasistan, qui rappelle celle de la Phénicie, le commerce des Lases est surtout maritime et se fait par cabotage le long du littoral lase (Trébizonde, Rizé, Sinope, Ofa). Il se fait aussi à l'étranger (Batoum, Odessa, Novorossiisk, Constantinople). Contrairement à ce qui en est en Géorgie russe, la classe commerçante et industrielle au Lasistan est prépondérantes. Les Lases exportent du tabac, du miel, de la cire, des filets de pêche et d'autres articles, et importent de la Géorgie russe la quantité de maïs qui leur manque.

Le voyageur russe P. Choubinski dit des marins lases — « qu'ils sont des acrobates de la mer; que, forts, habiles, hardis, excellents nageurs, ils sont créés, pourrait-on dire, pour leur périlleuse profession et sont incomparables. »

Les Lases se livrent au commerce maritime avec leurs propres bâtiments, faisant avec succès la concurrence à la flotte commerciale des Turcs et des Persans. Les navires des Lases sont de faible tonnage, mais de construction absolument moderne. On en construit sur presque tous les points habités de la côte du Lasistan et surtout à Khopa. Beaucoup de ces bâtiments sont construits pour des ports russes. Le principal contingent des marins de la flotte turque est surtout formé de Lases.

Dans la célèbre épopée du Moyen-Age, de Roustavelli, — « Le Porteur de la Peau de Panthère », *) il est question des Lases comme de valeureux guerriers et marins. Des trois personnages de cette épopée symbolisant la trinité de la Nation Géorgienne, Tariel est cartalin, Avtandil — iméretin et Fridon est un prince lase, possédant un château au bord de la mer et menant une vie de militaire et de négociant. Et lorsque le poète-auteur Roustavelli parle dans son poème de la mer, ce n'est qu'en contant les exploits des héros dans les possessions du prince Fridon. C'est là que l'on amène, par mer, l'héroïne Nestane à la forteresse de Kadjétie. Et c'est là que vient à sa recherche Avtandil. C'est là encore, au bord de la mer, que les trois héros avec leurs troupes marchent à l'assaut de la forteresse de Kadjétie. —————

Toutes les villes et les gros bourgs du Lasistan sont situés le long du littoral et présentent généralement de bonnes rades et des lieux d'escale abrités. En partant de la frontière russe, ces ports s'échelonnent comme suit: Khopa, Arkhavé, Atina, Khemchin, Rizé, Ofa, Surméné, Trébizonde et toute une rangée de bourgades, rappelant beaucoup les points maritimes de la Géorgie russe. Ces agglomérations et cités sont toutes bâties de la même façon: en bordure de la mer, une, deux ou plusieurs rangées parallèles de rues avec des magasins et des boutiques, et, beaucoup de cafés qui sont en quelque sorte les clubs de l'endroit. On y mène une vie des plus intenses, à l'instar des riverains maritimes méridionaux. Comme dans les villages de la Géorgie russe, les vendredis sont jours de marché.

Le bourg de Khopa, non loin de la frontière russe, est situé dans un petit golfe où se jette une petite rivière. La profondeur de la baie n'est pas considérable, mais la rade constitue un excellent lieu de mouillage à l'ancre. A Khopa il y a une douane et

---

*) Traduction russe de K. D. Balmont.

une station télégraphique. Pas loin du bourg on peut voir des ruines d'églises et de châteaux du type géorgien.

A une vingtaine de milles de distance de Khopa, vers l'Ouest, se trouve la petite ville d'Arkhavé dont parle Arrien. Cette bourgade est située à l'estuaire d'une petite rivière portant le même nom. Plus à l'Ouest sont situées les agglomérations de Vitsé, d'Artachéne et Atina. Ce dernier bourg était anciennement une colonie grecque, mais depuis, il est devenu complètement lase, les colons grecs ayant dû faire place aux autochtones lases. Des Abkhases émigrés de la Géorgie russe s'y sont également installés depuis fort longtemps. Aux alentours d'Atina, près d'un radeau-passerelle, subsistent encore les ruines d'un pont de construction géorgienne. Plus loin, à mi-chemin entre Vitzé et Trébizonde on trouve la ville de Rizé, deuxième port du Lasistan par sa grandeur et son importance. Rizé est bâtie sur le côté Sud-Ouest d'une grande et profonde rade. Rizé est le chef-lieu, le centre administratif du « sandjak » de Lasistan. Il y a une douane, une station télégraphique, une agence de navigation et plusieurs mosquées. Les vapeurs et navires turcs allant à Batoum font escale à Rizé qui est aussi une ville très connue pour sa production de tissus de lin. Dans cette contrée, le lin est en usage depuis des temps immémoriaux. Toutes ces considérables productions de tissus sont envoyées en Asie-Mineure — à Alep, Damas, Bagdad, etc., où elles deviennent l'objet de grandes transactions commerciales.

Vers l'Ouest de Rizé sont situés Ofa, Surméné et Platana qui est, en quelque sorte, l'avant-garde de la célèbre ville de Trébizonde.

Trébizonde est une des villes à renommée mondiale dont la fondation se perd dans la nuit des temps de l'époque assyrienne. Les antiques Géorgiens l'appelaient « Chaldée ».

Trébizonde est située à l'extrémité Nord-Ouest d'une diagonale réunissant les Indes et la Perse par l'Asie-Mineure à la Mer Noire et de là à l'Europe orientale. En raison même de sa situation géographique, cette ville devenait souvent le centre des convoitises politiques et stratégiques des empires européens et asiatiques.

Ce n'est pas en vain que les poètes du Moyen-Age, de l'Orient et de l'Occident, mentionnent et répètent avec le même amour le nom résonnant de Trébizonde dans leurs strophes.

L'actuelle Trébizonde est loin de cette royale splendeur, de cet éclat de luxe, qui firent sa gloire durant le règne des Comnènes, les souverains maîtres de l'empire de Trébizonde. A cette époque-là, d'après Hugo Grote, affluait tout ce que l'on produisait dans l'empire, depuis Termodon jusqu'à Phasis, aussi bien les produits des champs et des jardins que des montagnes et du sous-sol terrestre sur les marchés de la résidence impériale. Tout ce que les hardis navigateurs gênois importaient de la Perse méridionale et des Indes lointaines en Asie-Mineure, se vendait sur les importants marchés de l'ancienne Trébizonde. Et, pendant que dans les palais dorés régnaient les Comnènes entourés d'une foule de serviles courtisans; que de fastueuses processions écclésiastiques se déroulaient dans les rues; que derrière le masque de rideaux de fleurs et de plantes grimpantes les orgies nocturnes battaient leur plein, les frontières de l'empire étaient le théâtre de sanglantes batailles... Et ce somptueux tourbillon de bombances et de luxure n'a cessé que lorsque Mohammed le Conquérant leva son cimeterre sur la cité, livra les palais resplendissant d'or et d'argent à la destruction par l'incendie et abandonna au bourreau les belles têtes des princesses dépravées de Trébizonde.

La Trébizonde de nos jours porte encore des empreintes de cette romantique grandeur du passé. Voici la description qu'en a faite Hugo Grote qui y a été au commencement du vingtième siècle:

« Lorsque de la mer, en pénétrant dans la rade, on jette un coup d'œil sur Trébizonde, on voit une assez vaste étendue couverte des taches blanches des maisons. La partie centrale de la ville est construite sur un large plateau rocheux qui finit par une pente assez raide vers la mer. A l'Ouest une raie de constructions et de bâtisses descend en se rétrécissant et se prolonge sur le bord de la mer. A l'Est, la descente est plus rapide et les maisons sont construites en terrasses jusqu'au chemin en bordure du roc escarpé de « Boz-Tépé » (le « mont beige »), sur lequel jadis campèrent, en face de la mer, les dix mille Grecs qui surent se frayer un chemin à travers toute l'Asie-Mineure et qui attendirent là leur joyeux retour en Grèce.

« A l'arrière plan on aperçoit les rondeurs des contreforts sur lesquels sont parsemées de jolies villas. Ces contreforts se terminent en puissants cônes recouverts d'une épaisse végétation, et au loin se dessinent les sombres chaînes des Alpes Lases.

« Le paysage est chatoyant par la diversité des couleurs. La riche végétation entre les maisons et sur les collines brille de toutes ses nuances qui passent du vert foncé des cyprès sveltes et élancés au ton clair des ramures denses et feuillues des noyers. Les rochers dénudés du « Boz-Tépé » scintillent d'une lumière écrue, tandis que les rocs qui les dominent apparaissent brunâtres, et le tout est encadré du bleu d'azur du ciel et de la mer. Sur le plateau central est construite l'ancienne Trébizonde. Et c'est vers le sud que s'étendait la ville fortifiée du Moyen-Age. La partie sud du plateau sur laquelle se trouve l'ancienne ville est étroite et assez élevée et son extrême point sud est à la hauteur des montagnes qui encerclent Trébizonde; vers le nord, cette partie du plateau s'élargit et se finit des deux côtés en déclivités. Cette situation faisait de l'ancienne Trébizonde une magnifique position de défense, ayant l'aspect d'un trapèze. La forme du petit plateau, sur lequel s'érigeait la ville antique, donne lieu à penser que le nom de Trébizonde vient de *trapezus*. Sur les limites des pentes de l'Est et de l'Ouest du plateau s'élève une enceinte faite de hautes murailles d'une épaisseur d'un mètre, munies de tourelles angulaires et de meurtrières.

« Un peu à l'arrière sur un point sud plus élevé entre deux défilés conduisant en montée abrupte vers les chaînes de montagnes de l'arrière plan, se dresse majestueusement la vénérable citadelle entourée de puissants remparts. On peut voir dans la citadelle un haut palais dont certaines pierres témoignent que sa construction remonte à l'époque antéchrétienne.

« Ces restes de la grandeur et de la magnificence du passé sont encore enveloppés, si l'on peut dire, d'une ambiance moyenâgeuse. Les tourelles sont lézardées et crevassées, et les racines de vieux oliviers ont déscellé les pierres des remparts en terre. De fortes branches de lierre se répandent parmi les ruines, comme si elles tentaient d'empêcher l'émiettement de toute cette grandeur du passé. La mousse recouvre d'un beau tapis vivant les pierres écroulées, tandis que les fossés de la citadelle disparaissent sous une forte poussée de lauriers et de rosiers sauvages. »

Trébizonde est en quelque sorte la porte d'entrée principale de l'Anatolie, par laquelle se déversent, en échange de marchandises, les capitaux étrangers et surtout allemands en Asie-Mineure. Le *Statesman's Yearbook* signale que la population de la ville de Trébizonde atteint le chiffre de soixante mille habitants, dont les *deux tiers* sont des Lases, d'après le témoignage de P. Choubinski qui visita cette ville en 1911. (Voir l'article de cet auteur dans le périodique russe « Istoritcheski Viestnik »).

Dix grandes compagnies de navigation entretiennent le trafic commercial et le mouvement des voyageurs entre Trébizonde et les principaux ports de la Mer Noire (Constantinople-Odessa-Novorossiisk-Batoum) et ceux de la Mer Méditerranée. Le port de Trébizonde est visité annuellement par six mille bâtiments. Outre les vapeurs russes, turcs, français, italiens et grecs, il y venait régulièrement, jusqu'à la déclaration de la grande guerre, un certain nombre de vapeurs du Lloyd Autrichien et de la « Deutsche Levante Linie » qui reliaient Trébizonde à Hambourg, en passant par Constantinople, Odessa et Batoum.

Trébizonde est en communication constante avec Erzeroum, Tébriz, Téhéran, Ispahan, Chiraz et Damas par des routes de caravanes, et son commerce, aussi bien à l'intérieur qu'à l'étranger, a pris une grande extension. D'après Sivers, en 1901 il a été exporté pour 2,69 millions de marks de tabac, 2,21 millions de marks de noix, 2 millions de marks de gros bétail, etc. Pour cette même année, le transit par Trébizonde pour l'Europe de tapis persans, de tissus de soie et de laine se monte à 3,26 millions de francs. Le trafic total de l'année 1901 atteint le chiffre de 14 millions. Les marchandises ont été expédiées à Constantinople, en France, en Angleterre, en Allemagne, en Autriche et en Russie. L'exportation pour ce dernier pays se montait à 315,000 frs.

Trébizonde est environnée de plantations de noyers et de vergers superbes qui répondent amplement à une bonne partie des demandes du marché de Constantinople. Aux alentours, les flancs richement boisés des montagnes fournissent de grandes quantités de bois. Les plantations de tabac donnent annuellement jusqu'à deux millions de kilogrammes de tabac faisant largement concurrence au célèbre tabac dit de « Samsoun ».

L'importation à Trébizonde parvient au chiffre de 30 millions, dont 12 millions de transit à destination de la Perse. L'Allemagne importe à Trébizonde pour à peu près 2½ millions de marks d'articles en fer et acier, de fournitures de pharmacie, des cotonnades, etc. A Trébizonde résidaient des consuls de France, d'Angleterre, d'Autriche, d'Allemagne et de Russie. La plus grande partie des importations à Trébizonde consiste en une vingtaine de millions de kilogrammes de céréales et de maïs que Trébizonde achète

Le tombeau du roi géorgien Salomon II
Bagration à Trébizonde

pour en fournir au Lasistan, à l'Arménie et au Kurdistan. Le maïs est importé surtout de la Géorgie russe. Quoique Trébizonde ne soit pas reliée par des lignes ferroviaires avec l'intérieur de l'Asie-Mineure et la Perse, elle fait concurrence avec succès en ce qui concerne le trafic transitaire à la ville de Batoum, qui est pourtant reliée par la ligne de chemin de fer transcaucasienne aux contrées de la Perse. Les diverses marchandises expédiées de l'Europe occidentale à Trébizonde y arrivent en une semaine de temps.

Elles sont ensuite transportées par les routes de caravanes jusqu'en Perse où ces marchandises supplantent facilement celles qui parviennent des régions de Moscou. Cela s'explique par le fait que les marchandises allemandes sont vendues à très bon marché et transportées par voie maritime, et que le commerce en est facilité et encouragé par des primes d'exportation instituées par l'Allemagne pour les produits manufacturés nationaux destinés à être

L'armoirie des Bagrations.

écoulés sur les marchés étrangers, intéressant l'Allemagne au point de vue politique.

Il est hors de doute que lorsque la ligne ferrée Trébizonde-Erzéroum, actuellement en construction, sera terminée, — l'importance du trafic transitaire de la ville augmentera bien plus encore. On a commencé depuis l'année 1911, la construction d'un port et d'une jetée devant l'abriter du violent vent du nord qui oblige bien souvent les vapeurs faisant escale à Trébizonde d'aller se mettre à l'abri dans la baie de Platane, à 40 kilomètres plus à l'Ouest.

L'importance de Trébizonde est si grande que les Allemands avaient conçu le plan de relier le littoral de la Mer Noire avec le port méditerranéen de la ligne de Bagdad, — Alexandrette, par deux lignes divergentes vers Samsoun et Trébizonde.

Trébizonde a de tous temps été une ville géorgienne. Xénophon, au IVe siècle avant J.-Ch., décrivant la Retraite des Dix Mille Grecs retournant de Perse, disait: « Nous sommes arrivés à Trébizonde, la contrée des Colchidiens ». A cette lointaine époque, Trébizonde était déjà un des centres vitaux des plus considérables des provinces occidentales de la Géorgie.

Ayant tenu le premier rôle dans les bouleversements historiques en 1204, comme capitale de l'empire fondé par la reine Tamare et qui a duré jusqu'en 1461, la ville de Trébizonde a conservé son importance politique pour la Géorgie. Les événements géorgiens plus récents sont également rattachés à Trébizonde. C'est dans cette ville que reposent les restes du dernier roi d'Imérétie, Salomon II, qui s'était retiré à Trébizonde en 1810, après l'incorporation de l'Imérétie à la Russie. Le roi Salomon avait choisi Trébizonde comme lieu de retraite, parce que dans cette ville résidait un influent milieu de Lases et d'Adjariens géorgiens-musulmans, ainsi qu'un groupe d'émigrés de la Géorgie russe. Le vali (gouverneur) de Trébizonde d'alors était l'Adjarien Osman Pacha Hézider Oglou. Dans son administration, il y avait beaucoup d'éminents Géorgiens. Les descendants des familles géorgiennes, qui avaient suivi Salomon II à Trébizonde, y sont connus sous le nom de famille Iverpoulo. Le roi Salomon de Géorgie n'a vécu en exil que cinq ans. Ses cendres se trouvent dans un monument spécial érigé dans l'enceinte de l'église de St-Georges.

P. Choubinski, qui a visité en 1912 le tombeau de Salomon, en donne la description suivante:

« Le monument donne l'impression du type caractéristique des édifices grandioses en même temps que simples de cette nation.

« Sur un piédestal en granit, assez haut, s'élèvent quatre belles colonnes qui supportent une coupole également en granit, dans laquelle sont découpées, aux quatre côtés, des ouvertures en demi-cercle, encadrées d'une double corniche, décorées d'ornementations.

La hauteur du monument est de dix archines à peu-près et sa largeur est de cinq archines. Les dessins ornementaux se sont bien conservés à l'intérieur de la coupole. On y voit très bien encore les *armoiries des Baghrations,* représentant la fronde et la lyre du roi David, la robe du Seigneur, les insignes de puissance et les balances, emblème de la sagesse royale. Ces armoiries sont soutenues par deux lions et sont surmontées de la couronne royale. Sous cette couronne se trouvent, en haut des mêmes armoiries, un glaive et un sceptre croisés l'un sur l'autre, tandis que des deux côtés se tiennent deux séraphins ailés. »

C H A P I T R E   I I I.

L'Allemagne, l'autonomie arménienne et l'avenir de la Géorgie turque.

Le vilayet de Trébizonde de nos jours, la contrée du Tchorokh, comme d'ailleurs toutes les régions anatoliennes de l'empire ottoman, présentent un champ d'action infini pour les initiatives industrielles. Presque les deux tiers arables de ces immenses territoires attendent des bras pour les défricher! Les prospections minières n'ont mis à jour que la centième partie à peine des richesses minérales. Selon G. Palgrew, la contrée du Lasistan aurait pu nourrir cinq fois plus de population qu'elle n'en a, comme ce devait être le cas dans le passé, si l'on en juge par les nombreux restes et vestiges des édifices publics et particuliers. La décadence économique de cette contrée est due à l'absence ou plutôt à l'abandon des canaux d'irrigation et des voies de communication, ainsi qu'à la négligence des institutions administratives et judiciaires turques et au système des lourds impôts. Cette décadence économique a provoqué des crises politiques. Elisée Reclus note que — « les Grecs, les Lases, les Kurdes, les Arméniens se révoltent et se soulèvent comme si l'autorité suprême les réunissant sous un même système politique allait d'un moment à l'autre s'effondrer. »

Reclus, escomptant les problèmes impérialistes de la Russie en Asie-Mineure, ainsi que les avantages diplomatiques et militaires présentés à la Russie, en cas de conflit avec la Sublime Porte, par ses frontières limitrophes avec des contrées dont les populations sont de la même origine qu'une bonne partie de ses sujets transcaucasiens, dit que — « au nom de ses sujets géorgiens, la Russie pourrait s'immiscer dans les affaires des Géorgiens de la contrée de Trébizonde ».

Néanmoins, la politique orientale russe de ces dernières années a ignoré les Géorgiens turcs, ne s'orientant surtout que vers les Arméniens. Il est possible que cette manière d'agir ait été dictée par des conceptions d'un caractère plus « réaliste » : la Géorgie ayant rempli son rôle pour la diplomatie et la stratégie russes en se mettant entièrement à la disposition de l'Empire Septentrional et en l'aidant ainsi à s'établir au Caucase, la Russie n'avait qu'à se tourner vers ses autres favoris — les Arméniens, qui auraient pu servir ses visées d'expansion en Asie-Mineure, vers les chauds rivages de la mer Méditerranée... Il est toutefois vrai que la différence entre l'alliance de la Russie avec l'Etat géorgien et les relations des Arméniens sujets ottomans avec le Gouvernement russe a été fatale aux Arméniens... Ils durent s'expatrier en grandes masses en Transcaucasie et en Géorgie et déplacer en quelque sorte, par suite de ce « mouvement ethnique », l'Arménie vers le Turkestan...

Malgré tout, la future Arménie continue à se trouver dans l'axe de la politique orientale russe. Cette politique a atteint son point culminant lors de l'entente entre la Turquie et la Russie, le 26 janvier 1914, relative à la réorganisation de l'Anatolie orientale.

Selon le premier plan, on espérait obtenir l'autonomie complète de l'Arménie turque.

En conformité avec le projet de réformes du Gouvernement impérial russe présenté par ce dernier le 8 juin 1913, l'Arménie devait être organisée en une province autonome, sous l'autorité d'un gouverneur général, comprenant les six vilayets d'Erzéroum, de Van, de Bitlis, de Diarbékir, de Kharpout et de Sivas, à l'exception de quelques territoires à délimiter. Une Assemblée provinciale, avec droit de légiférer et compétence budgétaire, devait être instituée. La conscription générale, avec service militaire obligatoire sur place, devait également être instaurée. Les lois devaient être promulguées en trois langues. Chaque nationalité devait avoir le droit de faire décréter des impositions spéciales à la charge de ses membres pour l'entretien de ses écoles, etc. En même temps que ce projet, la Russie avait aussi soumis un mémorandum dans lequel le Gouvernement impérial indiquait les « liens étroits existant entre la question arménienne et les problèmes de l'administration russe en Transcaucasie ». (Documents diplomatiques du Ministère impérial des Affaires Etrangères.)

Ce projet russe n'a pu être réalisé par suite de l'opposition de l'Allemagne, basant son activité politique sur la sauvegarde de la Turquie de toute emprise de l'Empire Russe. Le point de vue allemand a été, déjà avant, défini par Vangenheim : « celui qui s'attaquera à la Turquie d'Asie, portera atteinte aux intérêts de la nation allemande. »

L'union entre les intérêts de l'Allemagne et ceux de la Turquie, qui apparut si violemment pendant cette guerre, est devenue un des plus importants facteurs de la politique internationale en Orient depuis l'avènement au trône de Guillaume II.

Les intentions des pangermanistes étaient précisément basées sur les avantages énormes qu'ils avaient évalués et appréciés depuis longtemps des vastes et fertiles territoires de la Turquie d'Asie, situés presque au seuil de l'Europe et pouvant nourrir en plus de ses 12 millions d'habitants, encore 70 à 80 millions d'âmes.

L'orientation de la politique allemande vers la Turquie a été définitivement inaugurée par le geste symbolique de Guillaume II à Damas, lors de son voyage en Turquie, qui prêta serment de fidélité aux trois cent millions de musulmans éparpillés de par le monde, devant le Mausolée de Saladin le Grand. « Möge der Sultan und mögen die 300 Millionen Mohammedaner, die auf der Erde zerstreut leben, wissen, dass zu allen Zeiten der deutsche Kaiser ihr Freund sein wird. » (Voir les « Discours de Guillaume II », édités à Leipzig, en 1901.)

Selon les paroles mêmes prononcées en Palestine par Guillaume, — « Mit blossen Reden sei hier im Oriente nichts getan », («seulement avec des discours on ne peut rien faire ici en Orient») les propos furent vite suivis d'actes. L'Allemagne commença dans l'Orient turc une politique économique des plus actives. L'exportation allemande à destination de la Turquie était si insignifiante jusqu'en 1887, qu'on ne l'enregistrait même pas. Mais, du coup, elle commença à prendre des proportions considérables, et, en l'espace de 15 ans, le trafic commercial entre l'Allemagne et la Turquie atteignit le chiffre de 250 millions de marks. En 1890, le service de navigation de la « Deutsche Levante Linie » commença à fonctionner, donnant le signal d'une diffusion intense des capitaux germaniques sous la forme d'entreprises de constructions de lignes de chemins de fer et d'achats de valeurs d'Etat ottomanes et principalement d'emprunts.

En 1902, l'Allemagne obtint la garantie la plus solide de

sa prédominance en Turquie, notamment la concession de la construction de la ligne ferroviaire de Bagdad, qui, avec la ligne ferrée d'Anatolie, devait relier Constantinople à Bagdad et au Golfe Persique par Angora, Konieh, Adana et Biredjik. D'après le plan initial, la ligne ferroviaire de Bagdad devait passer un peu plus au nord d'Angora et de Diarbékir, sur les traces de la route des empereurs romains. Mais la Russie opposa son *veto* à cette variante, redoutant des menaces stratégiques vers la Transcaucasie. A la suite de cet événement, on adopta la variante vers le sud, suivant la direction de la route qu'empruntèrent jadis Cyrus et les Dix Mille Grecs pour la célèbre expédition — *l'Anabasis*. Presque en même temps que l'octroi de la concession de la ligne de Bagdad, celle du port d'Alexandrette et de la branche y conduisant, Adana-Mersina, fut également consentie. Finalement, les Allemands furent favorisés de la concession de l'immense ligne de chemin de fer d'Alep à la Mecque, par Damas, qui devait être utilisée par les pélerins musulmans se rendant à la ville du Prophète.

L'Allemagne tenta à plusieurs reprises d'obtenir la concession de relier l'un des ports turcs de la Mer Noire — Samsoun ou Trébizonde — à la ligne de Bagdad et plus loin à la mer Méditerranée, par Alexandrette. Toutefois, jusqu'à la déclaration de la guerre, le Gouvernement impérial russe réussit à éviter cette menaçante perspective de l'établissement des Allemands sur les côtés de la Mer Noire qui serait devenue, selon l'expression même de B. Gourieff, un « lac de perdition » pour les possessions russes du Caucase.

A la veille de la guerre, la ligne ferrée de Bagdad avait été réalisée sur une longueur de 1750 kilomètres, rapprochant le moment tant souhaité des Allemands de « l'impérialisation » de l'Asie occidentale, depuis la Mecque jusqu'à Constantinople et d'Alexandrette au Golfe Persique.

La diplomatie allemande n'aime pas jouer « à l'ombre » : elle annonce à l'avance *urbi et orbi* ses convoitises. Bernhardi déclarait ouvertement : « Nous avons soigneusement cultivé nos bonnes relations avec la Turquie et l'Islam. Ces relations ne sont pas d'un caractère sentimental, parce que l'existence de la Turquie constitue pour nous un intérêt vital au point de vue industriel, militaire et politique ». Cet idéal impérialiste a été exprimé par la formule connue *Drei B* (trois B : Berlin-Byzance-Bagdad) qui a été analysée par Johnson, dans un article publié dans la revue anglaise, « Nineteenth Century », en 1905.

« L'empire allemand doit être, de la Scandinavie jusqu'à Bagdad, une alliance de grands et de petits Etats, à demi-indépendants sous bien des rapports, liés à l'empereur suprême non seulement par la sujétion, mais aussi par la communauté des us et coutumes, par l'armée et la flotte, pour la défense des intérêts réciproques. Dans cet empire seront incorporés tous les royaumes, duchés et principautés de l'Allemagne de nos jours, ainsi que l'Autriche-Hongrie, la Roumanie, la Serbie, la Bulgarie, les principautés de Croatie, de Monténégro, de Macédonie, la République de Byzance, le sultanat d'Anatolie, *la République de Trébizonde* (!), l'Emirat de Mossoul et enfin la Mésopotamie. Toute cette mosaïque devra être scellée à l'aide du ciment allemand. Dans chaque contrée où le climat pourrait convenir, on établira des colonies allemandes, comme cela a été fait, en son temps, en Transylvanie et en Syrie, dans le sud de la Russie et au Caucase. Les territoires de cette alliance germanique s'étendront de Hambourg et du Holstein, de la mer Baltique et de la mer du Nord, jusqu'à Trieste et la mer Adriatique, Constantinople et la mer Egée, le golfe d'Alexandrette, l'Euphrate et les frontières de l'Iran. Le sultan de Turquie devra se choisir pour résidence une capitale en Asie-Mineure; à sa cour sera attaché un représentant germanique, et les Allemands prendront en mains les affaires financières ainsi que l'administration de l'Etat. Les Etats qui feront partie de cette alliance germanique jouiront de la même liberté et de la même indépendance qu'ont actuellement les royaumes de Bavière et de Saxe. L'empereur de cette immense confédération sera un Hohenzollern... L'Allemagne et ses alliés restaureront l'Empire Romain ou celui de Byzance, fondé par Constantin... Et il se pourrait que Guillaume II ou Frédéric IV s'ornassent à Ste-Sophie de la couronne d'empereur d'Orient »...

Ce plan gigantesque s'était en quelque sorte personnifié en Guillaume II qui paraissait être sollicité par les grandioses souvenirs historiques des figures de Xerxès et d'Alexandre le Grand, de Saladin et de Haroun-al-Rachid, et qui était attiré vers l'Asie occidentale par son plan visant la création d'une Monarchie Mondiale.

Un directeur de la politique extérieure russe, parlant de ces plans, s'exprimait en ces termes :

« Les plans, qui ont été si péniblement élaborés par les hommes d'Etat, les savants et les érudits, les missionnaires et les financiers allemands, nous sont depuis longtemps connus. Ces aspirations, qui étaient suivies avec une persévérance vraiment allemande, devaient prendre corps sous les espèces d'un vaste empire germano-turc s'étendant des embouchures de l'Escaut au golfe Persique. Cet Etat que les politiciens pangermanistes voyaient dans leurs rêves sous l'aspect d'un califat nouveau, — qu'on aurait pu appeler, par analogie historique, califat de Berlin, — devait, conformément à leurs intentions, porter un coup mortel à l'existence historique de la Russie et de la Grande-Bretagne. »

Il est aisément compréhensible que les plans allemands étaient, encore avant la guerre, en contradiction avec les intérêts de l'Angleterre, de la Russie et de la France. L'Angleterre couvait de ses regards Bagdad; la France pensait à la Syrie et à la Palestine, tandis que la Russie aspirait à la possession des Détroits et de l'Anatolie pour avoir une libre issue sur une mer tempérée.

Le danger germanique atténuait les tensions entre l'Angleterre et la Russie. Ces deux « ennemis historiques » s'allièrent contre le troisième, l'ennemi commun, et, l'accord connu de 1907 au sujet de la délimitation des sphères d'influence en Asie fut conclu entre l'Angleterre et la Russie.

La politique anglo-russe de ces dernières années aurait certainement fini par devenir la cause de « l'enterrement » de la « Turquie malade », si le « doktor » de Berlin n'était accouru à son secours. Le « doktor » redoutait surtout la Russie parce que, d'après l'opinion même de Rorbach, si « les Russes s'emparent de la région des Détroits et de l'Asie-Mineure, l'avenir de l'Allemagne en Orient sera ruiné ».

Pour conserver la vie à son « patient », l'Allemagne a dû se faire la protectrice politique et militaire de la Turquie. Les missions d'instructeurs sous le commandement de von der Goltz Pacha et la réorganisation de l'armée turque selon le modèle allemand, couronnèrent les efforts des ingénieurs et des négociants germaniques et assurèrent à l'Allemagne la collaboration des forces armées ottomanes.

Parallèlement à cette activité politique se déroulait la propagande de culture intellectuelle. En 1896, deux ans avant le voyage de Guillaume II en Turquie, sur l'initiative de Lepsius, fils du célèbre égyptologue, on fonda à Berlin une société sous le nom de *Deutsche Orient-Mission*, dont le but était de gagner l'Asie à la civilisation allemande.

Cette « Orient-Mission », qui bénéficiait de considérables subventions allouées par le gouvernement impérial allemand, avait fondé et entretenait de ses propres moyens un certain nombre d'écoles protestantes. Les dépenses de la société atteignaient, à la veille de la déclaration de la guerre, le chiffre coquet de 12 millions de marks. L'influence de ces émissaires du germanisme se faisait sentir, ces dernières années, au Caucase également où, justement, des Allemands travaillaient déjà depuis longtemps (colons, expéditions scientifiques, capitalistes, etc.). Ce n'est pas en vain que l'académicien N. Ia. Marr, en terminant son discours à «l'Académie des Sciences », en 1911, signala à l'attention générale «l'extension rapide vers le Caucase des conquêtes Européennes de la culture intellectuelle, s'avançant du Sud ».

L'immixtion de la Russie dans les affaires de la Turquie, en liaison avec l'exacerbation de la question arménienne, menaçait d'anihiler l'avenir de l'Allemagne en Asie occidentale, — c'est pour cette raison que l'Allemagne fit si violemment opposition au projet russe de réformes en Arménie qui avait l'approbation de la France et de l'Angleterre. Plusieurs messages télégraphiques de l'ambassadeur russe à Berlin, Sverbéieff, publiés dans le « Recueil des documents diplomatiques du ministère des Affaires Etrangères », montrent le point de vue allemand sous son véritable aspect. Dans la dépêche du 29 mai 1912, on communique les répliques du secrétaire d'Etat von Jagow, qui pense que « la question des réformes est des plus délicates, parce que les Arméniens eux-mêmes se conduisent assez souvent de manière provocante, et qu'en somme, ils ne représentent qu'une insignifiante minorité de la population ».

La dépêche du 6 juin transmet le contenu d'une petite note de von Jagow : *« il faudra éviter tout ce qui pourrait porter pré-*

judice à l'intégrité de l'Empire Ottoman et à la souveraineté du Sultan. »

Se sentant soutenue par l'Allemagne, la Turquie refusa d'accorder l'autonomie à la « *Province d'Arménie* » devant englober les six vilayets. La Sublime Porte proposa, en échange, d'introduire des réformes dans deux secteurs de *l'Anatolie orientale.* Le premier secteur devait comprendre les vilayets de *Trébizonde,* d'Erzéroum et de Sivas, et le deuxième allait être constitué par les vilayets de Van, de Bitlis, de Kharponts et de Diarbékir.

La répartition des vilayets avait été conçue de façon à ce que la grande majorité de la population, dans les deux secteurs, soit homogènement musulmane. Ce résultat avait été obtenu par l'adjonction au premier secteur des Géorgiens musulmans du vilayet de Trébizonde.

Les idéologues arméniens interprêtèrent cette manœuvre de tout autre façon. L'un des publicistes russo-arméniens des plus qualifiés, A. K. Djévélégoff, dans un de ses articles paru dans le journal « Peuples et Régions » (« Narodi i Oblasti ») au mois de novembre 1914, tout en reconnaissant d'une part que « dans le vilayet de Trébizonde les Arméniens sont relativement en minorité et que, de cette manière (c'est-à-dire par le rattachement du vilayet de Trébizonde aux deux secteurs), on ne cherche qu'à obtenir la raréfaction des éléments arméniens, » il dit d'autre part, que « les Arméniens acceptent volontiers ce don des nouveaux danaïus, parce qu'il leur ouvre un débouché sur la mer. Et désormais, continue-t-il, les discussions concernant le domaine de l'autonomie arménienne devront être basées sur une norme de *sept vilayets.* » A la fin de son article, il ajoute ses prévisions, d'après lesquelles, le territoire des Arméniens, après l'instauration de l'autonomie, « deviendra une contrée habitée par une compacte population arménienne » (il ne dit malheureusement pas à l'aide de quelles mesures un tel résultat pourrait être atteint) ... Quelques mois plus tard, dans un nouvel article, « l'Avenir de l'Arménie turque », publié en 1915 dans le journal « Recueil Arménien » (« Armianski Sbornik »), A. K. Djivélégoff rétracte sa précédente façon de voir: « En définitive, si l'on assurait à l'Arménie l'annexion de la Cilicie, c'est-à-dire un débouché sur la mer Méditerranée, les

Arméniens pourraient *sans peine* [1]) renoncer à tout le vilayet de Trébizonde... Par l'annexion de la Cilicie ... on n'abandonnerait *facilement* [2]) que 120 mille Arméniens habitant le vilayet de Trébizonde, et on serait ainsi allégé *d'un million superflu* [3]) d'éléments non arméniens.

P. N. Milioukoff, partisan d'une « étroite liaison » entre la future Arménie et la Russie, se déclare catégoriquement contre l'annexion de la Cilicie à l'Arménie, disant que « le débouché sur la Méditerranée donnerait largement accès en Arménie aux rivalités internationales d'ordre aussi bien politique qu'économique ». (Voir l'article du recueil « Qu'espère la Russie de la Guerre ». Les conquêtes territoriales de la Russie.) A titre de compensation pour la renonciation au climat méditerranéen par trop dangereusement salin, P. N. Milioukoff s'offre aimablement à obtenir pour l'Arménie une issue sur la mer Noire, moins nocive, par l'adjonction du *«Vilayet de Trébizonde, quoique pas arménien»*.

Ainsi, d'une part, P. N. Milioukoff considérant comme l'un des buts idéaux de la guerre « d'assurer une existence tranquille aux petites nations, afin qu'elles puissent refaire leur unification nationale » et à côté de cela, sans douter de rien, abandonnant à la future Arménie la région géorgienne-musulmane de Trébizonde, et d'autre part A. K. Djivélégoff, tout en prétendant vouloir tenir compte des principes éthnographiques, mais en réalité ne se guidant que du point de vue d'un « débouché maritime », ignorent sciemment et à degré égal le droit politique de libre disposition pour chaque nationalité.

Ce n'est, hélas, guère en vain que le génie des Baghrations inscrivit sur les armoiries de la Géorgie les paroles frappantes d'un des psaumes du roi David: « Ils se partagent mes vêtements et tirent ma tunique au sort » (Ps. 21).

Le dénouement de cette gigantesque lutte internationale devra décider du sort de l'Europe et de l'Asie ainsi que de celui de la Géorgie turque. Tant que le temple de Janus le double-face n'est pas définitivement fermé, il est difficile de deviner cet avenir. Mais,

---

[1]), [2]) et [3]). Ces passages sont soulignés par l'auteur de cette brochure.

nous savons d'ores et déjà une chose, c'est que la paix doit favoriser la réunion territoriale de toutes les parties arrachées de la Géorgie dans ses frontières naturelles, politiques et ethniques. Le Lasistan, Trébizonde et la Tao-Clardjétie (la contrée du Tchorokh) doivent, avec toute la Géorgie musulmane, s'unir au fort courant de la vie nationale géorgienne. Les bases de la rénovation nationale de la Géorgie turque subsistent toujours, puisque l'orientation géorgienne commune vit encore dans la Géorgie turque.

Bien avant la guerre, on avait fondé en Turquie une « association pour la propagation de l'instruction parmi les Géorgiens turcs », qui s'était assigné pour but de favoriser et de faciliter l'unification nationale au point de vue de la culture intellectuelle, aussi bien des Géorgiens musulmans, que des Géorgiens catholiques qui résident par communautés entières à Constantinople.

Durant la guerre, les tragiques événements qui se déroulèrent dans l'Adjarie, la Chavchétie, le Lasistan, ainsi que dans les autres terres géorgiennes musulmanes du théâtre de la guerre de la Transcaucasie, ressuscitèrent dans toute sa force l'idée de l'unification nationale des frères séparés par les religions.

Empruntant les termes pleins de feu du publiciste S. Kédia, nous dirons avec lui, que « en nous le dieu national est ressuscité au moment même où les armées passèrent à travers les ruines sacrées et les tombes de nos aïeux. Lorsque les os de nos pères et de nos aïeux tressaillirent d'horreur de ce qui se passait sur la terre qui les recouvre, alors, en nous, les morts parlèrent, la question fatale du sort de nos frères et de celui de toute la Géorgie se posa ».

L'union des Géorgiens musulmans en général et des Lases en particulier à la vie commune des deux millions de Géorgiens, est devenue une impérieuse nécessité nationale. Pour cette question il n'y a pas en Géorgie un parti spécial, il n'y a qu'une *patrie* — *Sakartvélo*.

Et, au nom même de cette *patriae,* nous devons écarter *a priori* toute solution du problème de l'avenir de la Géorgie turque, — le vilayet de Trébizonde avec le Lasistan et la contrée du Tchorokh, — qui ne tiendrait pas compte du droit sacré de libre disposition. Les Géorgiens lases ne peuvent pas accepter de servir d'instrument à la commode installation de leurs voisins. Les Lases et avec eux tous les Géorgiens musulmans doivent avoir le droit de se développer librement dans le giron de la vie nationale de la Géorgie.

Qu'importe, si les parties intégrantes et les attaches de cette union peuvent être comparées aujourd'hui aux os qui gisent dans le désert, et au sujet desquels prophétise Ezéchiel... Qu'importe!.. L'esprit vivifiant de la Géorgie n'a pas encore cessé de respirer. Il s'emparera de ces os et leur redonnera des ligaments; il ordonnera à la chair de renaître sur eux et à l'épiderme de les revêtir à nouveau; il leur insufflera son souffle immortel, afin qu'ils se relèvent pour une nouvelle et radieuse existence!

PRIX 2 FRANCS